Aus dem geistigen Erbe der Essener

Oh Wunder! – Ein Garten inmitten von Flammen!
Mein Herz ist fähig geworden, jeglicher Form.
Es ist eine Prärie für Gazellen,
und ein Kloster für christliche Mönche; –
ein Tempel für die Götzen,
und die Ka'aba für den Pilger,
für die Tafeln der Thora und für das Buch des Koran.
Ich bekenne mich zur Religion der Liebe ... –
und welche Richtung ihr Reittier auch nehmen möge:
Die Liebe ist meine Religion und mein Glaube.

Ibn Arabi (1165-1240)

AUS DEM GEISTIGEN ERBE DER ESSENER

EVANGELIUM DES FRIEDENS UND BUCH DER SCHÖPFUNG

Drei englische Texte von
Edmond Bordeaux-Székély
Neu ins Deutsche gebracht

EDITION ORIFLAMME 2017

IMPRESSUM

Aus dem geistigen Erbe der Essener: Das Evangelium des Friedens und das Buch der Schöpfung. – Ins Deutsche gebracht nach den englischen Ausgaben von Edmond Bordeaux-Székély. Illustriert und mit einigen Anmerkungen versehen von P. Martin.

SUCHBEGRIFFE:
Gnosis, jüdische Sekten, Frühchristentum
Schöpfungsgeschichten, Genesis, Transfiguration

edition.oriflamme@gmail.com
ISBN 9783-907103005
Printed in Germany

Satz, Buchgestaltung und Umschlag
Adhoc-Organisation, CH 4002 Basel (Schweiz)

INHALT

Qumrān: Höhle 4:
Der Ort wo besonders viele Texte der ‹Gemeinschaft gefunden wurden.
Bildquelle: Internet.

EINLEITUNG DES HERAUSGEBERS

Die weltberühmten *«Schriftrollen am Toten Meer»* wurden in den Jahren zwischen 1947 und 1967 in elf Höhlen im Hinterland von Qumran gefunden – einer Ortschaft in der nordwestlichen Bucht des Toten Meers – einem Landstrich, der heute unter israelischer Herrschaft steht. Die Geschichte, die dazu erzählt wird, ist abenteuerlicher als die bei manchen archäologischen Funden, sodaß ein Kommentator titelt: *« Qumran – der historico-esoterische Thriller»*. – Diesem sollte eine für die Erforschung der Hermetik noch sensationellere Reihe von Funden folgen: Jene von Nag-Hamadi in Ägypten. Dort kamen Schriften der ursprünglichen Überlieferungen an den Tag, die nicht nur das Bibelstudium, sondern die gesamte Geistesgeschichte der Menschheit neu vor unseren Augen erstehen ließen.

Bekanntlich will die archäologische Überlieferung, daß ein Beduinen-Hirte bei Qumran eine Ziege holen wollte, die sich verstiegen hatte, dabei auf die erste Höhle stieß, worauf anschliessend auch andere Beduinen-Hirten (und dann Archäologen) solche Höhlen mit Schriftrollen in Tonkrügen fanden. Kurioserweise ist von anderen Fundgegenständen kaum die Rede: Abgesehen von einem aus ungeklärten Gründen auf Kupferblech geschriebenen Text und einigen Keramik-Tassen ist nur von Tonkrügen die Rede – und deren Inhalt sollen stets Schriftrollen bzw. beschriebene Blätter gewesen sein. – Das weist darauf hin, daß diese Höhlen primär als Genizah's anzusehen sind – also als Ablage-Ort für (im weitesten Sinne gesagt) ausgemusterte Träger sakraler – oder doch als heilig betrachteten Schriften. Es scheint aber, daß es sich in diesem Falle nicht nur um abgenutzte Dokumente handelte, wie dies damals üblich war (eine heilige Schrift darf nie willentlich zerstört werden!), sondern eher um Duplikate, die auf einer Flucht oder anderen Umsiedlung nicht auch noch mitgenommen werden konnten – vielleicht auch dort abgelegt wurden, um sie später wieder zu holen, während die wichtigsten Originale mitgenommen wurden.

Die genannten Hirten-Funde erscheinen dann unvermittelt im Handel ... – Jedenfalls gaben diese authentischen Schriften den Auftakt für viele weitere Entdeckungen, indem sie die oft bezweifelte Existenz der Essener-Bruderschaft einwandfrei belegen und sogar einigermaßen beschreiben.

Die Menge und Vielfalt der Schriftfunde ist erstaunlich. – Ebenso erstaunlich ist die relative Unordnung: Fragmente derselben Schrift waren in mehreren Fällen in mehreren Höhlen abgelegt. Am erstaunlichsten aber ist, daß Edmond Bordeaux-Székély in den Zwanzigerjahren des letzten Jahrhunderts – also 20 Jahre vor den Entdeckungen in Palästina

– vollständige und wenig beschädigte Originale essenischer Schriften wohlbehalten im Geheimarchiv des Vatikans bzw. von Monte Cassino auffinden konnte. Und dabei schreibt E.B.S. noch von ganzen Räumen des Geheimarchivs, gefüllt mit Packen von seit Jahrhunderten nie geöffnetem Inhalt!

Den Vatikan und seine Macht gibt es erst seit dem 8. Jh., als Karl der Große sie diesem verlieh – aber auf dem Monte Cassino gründete Benedikt von Nursia schon ums Jahr 530 den Benediktiner-Orden: Er zerstörte das uralte Heiligtum und baute darauf sein Kloster, richtete dafür aber eine umfassende Bibliothek alter Schiften aus Ägypten, Persien, Arabien u.s.w. ein. Alle wissenschaftlichen Werke der damaligen Zeit wurden dort gesammelt und bewahrt. – Auf diese Umstände geht E.B.S. in seinem Bericht über die *Entdeckung des Essener Evangeliums des Friedens* weiter ein.

Die Funde von Qumran lassen die Vermutung zu, daß die Essener die kriegerische Machtübernahme der Römer in diesem Gebiet voraussahen und ihren Schatz – die heiligen Schriften, die den Schwerpunkt ihres Daseins und ihrer Identität darstellten – rechtzeitig kopierten, ‹evakuierten› und vielleicht sogar übers Meer in den Westen (Athos?) brachten. Da sich das Ganze im ersten Jahrhundert nach Christus abspielt, sind alle Spekulationen möglich; doch auch die Archäologie spricht von einem offenbar fluchtartigen Aufbruch im Zeitrahmen der Revolution von 70 bis 66 vor Christi Geburt.

Ausser sakralem Schrifttum im engsten Sinne wurden auch die *Ordensregeln*, *Instruktions-Schriften* für angehende Priester der Bruderschaft und *solare Kalendersysteme* gefunden (der jüdische Kalender verlief nach dem Mond – wie dies in Anbetracht dessen logisch ist, daß IHVH als Herr der Mondengel betrachtet wird[1]). – Dazu kamen Aufzeichnungen zu rituellen Festtagen und zu datierten historischen Begebenheiten sowie über jüdische und römische politisch wichtige Figuren.

Eine eigentliche Liste von Mitgliedern der Essener-Bruderschaft wurde nicht gefunden; – hingegen eine Liste von Mitgliedern, die wegen Verstößen gegen die Ordensregeln getadelt oder gar aus der Gemeinschaft ausgestoßen wurden: der sogenannte *Register der Rügen.*

Besonders viele für die Gemeinschaft relevante Schriften wurden in Höhle N°4 gefunden (siehe Abb.), darunter auch eine besonders lange *‹Handschrift zur Warnung vor falschen Lehren›*. – Diese benutzt die Allegorie einer Hure, um dieses Thema zu behandeln, was unseren seit Jahren vertretenen Standpunkt bestätigt, daß wenn in heiligen Schriften von ‹Hurerei› die Rede ist, es sich stets um vom Schreibenden als Häresie *abgelehnte Lehren und Rituale* handelt – und zwar im AT ebenso wie im NT. – Die genannte Schriftrolle ist aufs 1. Jh. n.Chr. datiert (die meisten Funde sind Schriften aus dem 1. und 2. Jh,); doch wird sie für «viel älter» gehalten, z.B. für aus dem 4. Jh. stammend.

Ebenfalls in Höhle N° 4 (es sind insgesamt 11 Höhlen) fand man einen Weisheitstext in zwei schlecht erhaltenen Kopien. Er handelt von einem rechtschaffenen Mann (vgl. das Weisheitsbuch Jesus Sirach; unsere Ausgabe von 2014). Besagter Text nimmt Bezug auf die Schriftrolle mit der Regel der Gemeinschaft.

Im weiteren ist eine Rolle vorhanden, welche die Archäologen *das Testament der Patriarchen* nennen.

Der Paläograph Ada Yardeni stellte fest, daß mehr als 50 Rollen *von Qumran und Massada* von *nur zwei Schreibern* geschrieben worden seien. Das zeigt definitiv, daß entgegen anderen Meinungen Massada (bekannt vorallem als Festung während des jüdischen Aufstands, 70-66 v.Chr.) *eben doch* mit der Gemeinschaft der Essener verbunden war.

Dabei wird besonders die messianische Erwartung der Gemeinschaft betont, wobei diese offenbar *drei Messiasse erwartete*: Einen Propheten, einen Priester und einen König. Dies entnimmt man einer anderen Rolle worüber man öfter liest: dem *«Handbuch der Disziplin»* – auch *Ordens-Regel* genannt: Darin wird festgehalten, daß der Gläubige weiterhin unter der Regel leben soll *«bis zur Ankunft eines Propheten und der (zwei) Gesalbten von Aaron und von Israel»*. Diese sollten die neue Ära einleiten, worauf die Essener sich vorbereiteten: Die esoterische Wissenschaft überliefert, daß es die Aufgabe der Essener war, u.a. durch Jahrhunderte lang geübte Reinheits-Riten der ganzen Gemeinschaft zur Geburt eines menschlichen Körpers zu gelangen, der geeignet sein sollte, den Heiligen Geist so aufzunehmen, wie dies die Abbildungen der Taufe Jesu am Jordan darzustellen pflegen. – So wird die Szene, worin Maria Magdalena Jesu Füße ölt, als eben diese Ölung verstanden.

Die genannten drei messianischen Einweihungen (Ölungen) werden im NT als auf die Person Jesu vereinigt empfunden und durch sein Werk begründet (Jo. 6:14; und Jo. 7:40; Apg. 3:22, 7:37). Jesus war aber kein Priester aus Levi, sondern aus dem Orden von Melchisedek (Heb. 7; Ps. 110).

Die sieben Schriftrollen, die – gemäß Überlieferung – in N° 1 der insgesamt elf Höhlen von einem Ziegenhirten gefunden wurden, veränderten das kritische Bibel-Studium des AT für immer; besonders das *«Handbuch der Disziplin»*, *«Kampf der Söhne des Lichts»*, die *«Danksagungs-Rolle»*, ein *Genesis-Apokryphon* (die hier nachfolgende Schöpfungsgeschichte) und drei AT-bezogene Texte.

Besonders kurios erscheint dies: Von den elf Höhlen war die letzte die am einfachsten zugängliche … —

✻

Zum Evangeliums-Text, der hier i neuer Übersetzung aus dem Englischen von E.B.S. den Suchern nach den Quellen des Christentums angeboten wird, ist direkt nichts hinzuzufügen: Er zeigt, daß das Auftreten des biblischen Jesus zwar unerhört charismatisch war, zugleich aber viel einfacher, direkter und dadurch noch ‹sympathischer› erscheint, als man dies zu denken gewohnt ist. Der Ausdruck *Evangelium* ist hier aber anders zu verstehen als gewohnt: Ein *Evangelium* ist a priori eine *grundsätzliche* Heils-Lehre (*ευαγγελιον* – gute Botschaft) – ein Hinweis-Text für den prinzipiellen *Weg zurück* der gefallenen Menschheit – zurück zu ihrem urgöttlichen Ursprung, von dem sie als Ebenbild des Schöpfers vor Ur-Zeiten ausgegangen ist. Diese Hinweise sind aber im ‹Evangelium der Essener› nicht auf der Ebene von Schriftgelehrten und Mystikern gehalten, sondern auf der des gemeinen Volks – mit ganz konkreten Hygiene- und Ernährungs-Anweisungen, eingebettet in die alte Überlieferung von den Engeln (Angelologie) und ihre direkte Kommunikation mit den Menschen: ein Aspekt, der fürs neue Zeitalter bereits vor einigen Jahrzehenten wieder aufzuleben begann. Dadurch wird das Reich der Menschen wieder übers vermittelnde Reich der Geister und Natur-Götter mit dem siebenten, dem eigentlichen göttlichen Reich verbunden, über das, volkstümlich ausgedrückt, der Eine Vater-Gott ‹regiert›. Im vorliegenden Text wird er *«der Himmlische Vater»* genannt.

Die liebevolle Wärme des hier geschilderten Jesus vermeint der Leser selbst zu spüren, wenn der Text darüber berichtet, wie die Gegenwart Jesu unter den Armen, Kranken, Verstoßenen der Gesellschaft ankam: als wahre Lehre der göttlichen Liebe, des Trostes und der Ermutigung. Man muß sich ja denken, daß aufgrund der strikten jüdischen Reinheits-Vorschriften diese Verachteten überhaupt keinen Zutritt zum Tempel hatten – also auch seelisch am Verhungern waren: Ihnen brachte der Nazoräer die ersehnte Nahrung, nebst Trost und der tatkräftigen Belehrung, daß sie nicht unbedingt zu Elend und Leid verdammt seien, sondern, wenn gewisse Bedingungen erfüllt würden, durchaus geheilt und gereinigt werden und dadurch sich selber heiligen könnten.

Diese Bedingungen schlossen – und schließen noch heute – die aktive Bemühung jedes Einzelnen mit ein; und darin gleicht die Essener-Schrift der Interpretation vieler Esoteriker, daß die Heilungen, Speisungen und anderen Wundertaten Jesu rein symbolisch zu verstehen seien: Daß *‹Krankheit›* sozusagen ein Deckname für *Unkenntnis*, der Ausdruck *‹Hunger›* für geistige Sehnsucht, und *‹Besessenheit›* für das Vertreten einer falschen Lehre stünden. – Das kann alles nicht ausgeschlossen werden, denn unter diesen Arten von Mangel leidet tatsächlich der weitaus größte Teil der Menschheit noch heute. Näher aber liegt die Interpretation dieser Ausdrücke dem Wortlaut nach; denn es genügt, sich mittelalterliche Kleinstädte in Europa anzusehen, um sich die Situation in Judäa vorzustellen: Eine klein Elite von hochrangigen Persönlichkeiten und Familien aus dem Umkreis des Herrscherhauses und des Tempels lebte in Wohlhabendheit und daher relativ gesund; aber eine andere

Minderheit vegetierte in Armut, peinsamer Unhygiene und endemischen Krankheiten, ohne jegliche soziale Betreuung.

Das zeigt sich auch in dem hier so ausführlich geschilderten Fall des kranken alten Mannes, der nur noch Haut und Knochen war, und dem Jesus mit Hilfe des Dampfs von Schafmilch ... – ganz klar *einen ausgewachsenen Bandwurm* entlockt. Dies ist auch als eine damalige Heilmethode zu verstehen. Andererseits zeigen andere Beispiele von Heilungen und die vierfache Anleitung zur Verbindung mit den vier Elementar-Geistern – hier Engel genannt – daß Jesus nicht nur ein Schriftgelehrter und Prophet war, sondern auch ein in Naturheilmethoden kundiger Arzt und ein hervorragender Erzieher – heute würde man *ein Aufklärer* sagen. Das soll nun aber nicht bedeuten, daß die genannten hygienischen Empfehlungen das Essentielle, die Sache mit den Engeln nur erzieherisches ‹Zugemüse› seien:

Erstens ist alles *magisch*, was mit Willen, Wort und Blick verbunden ist; zweitens ist es vielmehr umgekehrt: Die physischen Handlungen werden *natur-verständlich* – und als solche erst wahrhaft *geistig verständlich* – wenn der Mensch sich [wieder] bewußt ist, ins Wirken der Elemente, der Elementar-Geister und aller Reiche von Mutter Natur – hier immer wieder *Mutter Erde* genannt – eingebunden und vom *Himmlischen Vater* geistig und seelisch umfangen zu sein.

Ähnliches wird im Essenischen Buch der Schöpfung deutlich, und man kann kurz sagen: Beide Texte in ihrer ursprünglichen Echtheit sind – gegenüber den gewohnten biblischen Versionen – akademisch-theologischer Exclusivität enthoben und ins wahre Menschenleben hinein gestellt, so wie auch die ursprünglichen Autoren der nachmals biblisch ausstaffierten und kanonisierten Texte dem Drang folgten, altes Wissen, alte Weisheit und eigenes Erleben an die Welt weiter zu geben, ohne eine besondere edukative oder missionarische Absicht damit zu verbinden (von den sog. ‹Paulus-Briefen› abgesehen, die hier ihren wahren Ursprung zu haben scheinen). Heutige Bibelkritik ist ja endlich nahe dabei, die Staffeln doktrinärer Addenda der letzten 1600 Jahre als solche anzuerkennen, indem immer mehr zum Vorschein kommt, was aus anderen – alten oder uralten – Texten, bzw. aus dogmatischer Absicht seit den Kirchenvätern in die Bibel importiert wurde. – Letzteres hat immerhin den positiven Effekt erbracht, daß auch sehr alte vorchristliche Überlieferungen erhalten blieben – und sei es auch nur dank deren polemischer Anprangerung.

⁜

Die Echtheit des vorhergehenden Texts und der Geschichte der Auffindung des Essener Evangeliums wird heute gelegentlich angezweifelt. Was soll man davon denken – was dazu sagen? Wer kann beweisen, daß der Bericht von E:B:S: zuverlässig ist? An Zweiflern und Mäklern und auch Neidern hat es zu keiner Zeit gefehlt. Was der Mensch sich in seiner behaglichen Beschränktheit nicht vorstellen mag, das betrachtet er gerne als inexistent: Das ist weniger anstrengend, als sich einzufühlen und mit gesundem Menschenverstand (wo noch vorhanden) neue Dinge aufzunehmen, zu ergründen und nach faktischen Kriterien zu seiner *Kenntnis* zu nehmen. Um hier jedoch eine positive Meinung zu vertreten, genügt es eigentlich, die übrigen Schriften von E.B.S. zu lesen und die von ihm vorhandenen Photos anzusehen, um daraus nicht nur eine umfassende Kenntnis semitischer und anderer Sprachen abzuleiten, sondern auch die große Ernsthaftigkeit und Vielfältigkeit seiner Persönlichkeit. Die literarisch sicher etwas ausgeschmückte Erzählung zur Entdeckung der alten Schriften im vatikanischen Archiv ist zweifellos als in der Sache echt zu betrachten: Die Beschreibungen der vatikanischen Archive, die Stimmung und das Verhalten der geschilderten Figuren sowie auch die Übersetzungen selbst sind zweifellos authentisch und können nur aus der kaum Jemandem vergönnten leiblichen Erfahrung stammen. Und die Erstveröffentlichungen von E.B.S. sind jedenfalls älter als das archäologische Qumran.

Wer also die Texte von E.B.S. in kritischer Offenheit liest, kann z.B. zu folgendem Schluß kommen:

1° E.B.S. kam, wie er deutlich schreibt, aus einer alten und sehr begüterten Adelsfamilie mit dem entsprechend weiten Beziehungsnetz: Schon aus diesem Grund konnten ihm Türen und Menschen offenstehen, die für Andere unzugänglich waren. Er schreibt aber auch von seinem frühen und starken inneren Drang, den geistigen Tatschen auf den Grund zu kommen, zum Ursprung der Dinge – zur Quelle eben – zu gelangen: *«Ad Fontes»* heißt eine alte philosophische Devise, die besonders dem Erasmus von Rotterdam in die Feder gegeben wird: *«Sed in primis ad fontes ipsos properandum, id est graecos et antiquos – Vorallem aber muß man zu den eigentlichen Quellen eilen, d.h. zu den Griechen und den [ganz] Alten [Weisen, Philosophen und Autoren]».* – Dieser starken jugendliche Drang von E.B.S. ist in einem jugendlichen Porträt aus seiner Piaristen-Zeit festgehalten (siehe Abb. S. 50). – Und dann ist da noch sein selbst-verfaßter kurzer Lebenslauf:

«Edmond Bordeaux Székély, der Enkel von Alexander Székély, einem hervorragenden Dichter und unitarischen Bischof von Cluj, ist ein Nachfahre von Csoma de Körös, dem Transsylvanischen Reisenden und Philologen, der vor 150 Jahren die erste Grammatik des Tibetanischen erstellte sowie ein tibetanisch-englisches Wörterbuch und sein unübertroffenes Werk Asiatic Researches schrieb. Derselbe war auch Bibliothekar der Königlichen Asiatischen Gesellschaft in Indien. – Dr. Bordeaux Székély promovierte zum Dr. Phil. an der Universität von Paris und besaß weitere Titel der Universitäten von Wien und Leipzig. Er war auch Professor der Philosophie und experimenteller Psychologie an der Universität von Cluj. Als bekannter Philologe in Sanskrit, Aramäisch, Griechisch und Latein spricht Dr. Bordeaux zehn moderne Sprachen.

Seine wichtigsten Übersetzungen, abgesehen von ausgewählten Texten der Schriftrollen vom Toten Meer und des Essenischen Evangeliums des Friedens sind ausgewählte Texte aus dem Zend-Avesta und aus præcolumbianischen Codices des alten Mexico. Er ist der Autor von 68 Büchern in verschiedenen Ländern und Sprachen, über Philosophie und alte Kulturen. – Im Jahr 1928 gründete er zusammen mit dem Nobelpreis-Träger Romain Roland die International Biogenic Society.»

2° E.B.S. sah sich offenbar – sieht man seine große Verehrung für Jenen – nicht nur als Nachfahre seines so hoch-gelobten Großvaters, sondern auch quasi als dessen Nachfolger: Sprachen, Reisen, Erforschung alter Kulturen und Lehren waren sein Leben.

3° Im Rahmen der *International Biogenic Society* verfaßte E.B.S. eine ganze Reihe von Büchern über was er die essenische Lebensweise nannte: Hygiene, Diätetik, Gärtnerei udgl. bis zum Brotbacken. Die Quellen dafür sind nicht ganz klar: Manches dürfte er sozusagen direkt aus der Akasha-Chronik ‹abgeholt› haben. Weitere seiner interessanten Werke befassen sich mit den Überlieferungen des Zarathustra (*The Art of Asha*, mit auszugsweisen Übersetzungen aus dem *Zend-Avesta*), der Olmeken (*The Soul of Ancient Mexico*, auch auf Spanisch; – auf dem Gelände der *International Biogenic Society* gab es sogar ein maßstab-gerechtes Pelote-Feld!), und Anderes. Ein Buch ist auch betitelt: *The Living Buddha.* –

Am intensivsten und konsequentesten befaßte sich E.B.S. aber mit den Essenern, und es ist deutlich, daß er sich selber als eine Reinkarnation eines Essener-Ältesten und als Pythagoräer fühlte, wie untenstehende Abbildung zeigt. Mit Fug darf man wirklich von ihm sagen:

Er war ein Essener!

Was nun inhaltlich die beiden hier vorgestellten Essener-Texte betrifft, so ist noch etwas zu ergänzen: *«Nichts kommt von Nichts»* – oder *«ohne Ursache keine Wirkung!»* – und das gilt auch hier:

Weder aus der Babylonischen noch aus der hellenisch-römischen oder syrisch-persischen – und schon gar nicht aus der jüdischen Tradition läßt sich das Besondere der Lehre Jesu erklären: Weder die Angelo-Logie, die den Gnostikern zugeschrieben wird, noch die Lehre über die Harmonie in und mit der Natur – und schon gar nicht das dreifache Liebes-Gebot. Hingegen ist bekannt, daß ungefähr ab dem 4. bis 3. Jh. v. Chr. Pilgermönche aus Indien (Buddhisten im Allgemeinen und Jains im Besonderen) im nahen Orient, Alexandrien und rund ums Mittelmeer herum) eine nicht genau bekannte Missionstätigkeit entfalteten. Die Jains (Mönche und Nonnen) waren und sind eine Bewegung, wo (in Verschärfung der buddhistischen Lehre) ein besonders ausgeprägter und detaillierter Asketismus geübt wird, bei dem es vorallem darum geht, sämtliche Bindungen an Personen oder Dinge, an Gedanken und Taten sowie an gutes und schlechtes Karma loszulassen sowie jeglichen Besitz (auch den von Kleidern) zu meiden. Eine milde Form dieser Vorschriften findet sich tatsächlich auch bei den Essenern: Kein persönlicher Besitz; – Friedfertigkeit, Reinheit und Güte in Gedanken, Wort und Tat; – höchstens zwei Mahlzeiten täglich (Jains: nur eine); – Ehelosigkeit etc.

Die Beeinflussung der biblischen Schöpfungsgeschichte durch indische Lehren ist weniger ersichtlich, außer im Vergleich mit den hier zitierten Textstellen aus anderen Schöpfungsmythen. – Was sicher gesagt werden kann, ist, daß der berühmte eifersüchtige, zornige und despotische Gott (*« ... damit er nun nicht werde wie unsereiner»*) samt den daraus fließenden Schuldkomplexen der Gläubigen ein typisch jüdisches Element ist, das z.B. auch dem Gilgamesch-Epos ganz widerspricht, also eher nicht von den Chaldäern stammen wird.

Vielleicht ist auch das für Jesus typische Umherziehen in Kanaan auf die buddhistischen Vorbilder zurückzuführen.

Und endlich wären noch zu erwähnen einige Stellen, wo E.B.S. auf die *wahrlich fromme* Einstellung von Msgr. Mercati hinweist, indem er Dinge zitiert, die jenen als reinen Gnostiker charakterisieren. Auch der Hinweis auf einen *«Raum mit 10'000 nie geöffneten Packen voller Dokumente ... »* ist vielsagend, versteht man ihn recht – und vielversprechend für den Tag (möge er bald kommen!) wo diese Packen nicht nur geöffnet, sondern auch publiziert werden. Man denke doch an die vielen ‹ketzerischen› und daher konfiszierten, offiziell auch verbrannten – Bücher, Bilder und Schriftrollen, und an die Reichtümer, die sie sicherlich bergen. – Man muß sich dabei bewußt sein, daß eine völlige Zerstörung solcher Manifestationen göttlicher Inspiration und des höchsten, reinsten menschlichen Geistes niemals vernichtet werden dürfen (wie auch die entsprechende Symbolik nicht): Es gibt Dinge, die das allerhöchste Geist-Ordens-Gesetz verbietet, weil sie einen Verstoß gegen den Heiligen Geist darstellen, der *nicht ver-*

geben werden wird, wie Jesus ausdrücklich betont (siehe Mt. 12:31-32; Mk. 3:28; Lk. 12:10 & 20.

Es scheint sicher, daß E.B.S. in den Archiven und Geheimarchiven des Vatikans noch manche Dinge sah und erfuhr, die er nicht weitergeben und schon gar nicht veröffentlichen durfte. Das erhellt auch aus den Worten und dem Verhalten von Msgr. Mercati und aus dem Kommentar von E.B.S. dazu: *« ... wie selten ein Mann sei, der die Wahrheit sogar höher verehrt als die heiligen Gelübde, die ihn an seine Kirche banden ... »* – ein Satz, der sich aus dem Zusammenhang nur halb rechtfertigt, also noch weitere Gründe haben mußte. Überdies enthält dieser Text eine ganze Anzahl von Aussagen Jesu, die ab ca. 70 n.Chr. in den Paulus-Texten wiederkehren, die also sicher Plagiate aus dem Essener Evangelium sein müssen: Das sollte ein getreues Kirchenvolk nicht wissen.

Als Letztes bitten wir den Leser um Verständnis dafür, daß der so oft genannte Name von *Edmond Bordeaux Székély* meistens als E.B.S. abgekürzt wird: Es erschien uns dies respektvoller, denn in Art der Massenmedien nur einen Teil des Namens – oder anbiedernd den Vornamen allein zu nennen – und es entspricht dem Brauch betreffend Helena Petrowna Blavatsky, der den Kürzel «H.P.B.» ebenso stets in respektvollem Gedenken benutzt.

Nun sei das vorliegende Büchlein ohne weitere Vorbemerkungen der interessierten Leserschaft übergeben – in Dankbarkeit gegenüber der großen Freigebigkeit des ursprünglichen Autors und Übersetzers, des polyglotten Forschers und Reisenden durch Räume und Zeiten, des Entdeckers der originalen Essener-Schriften: Edmond Bordeaux Székély (1905 – 1979).

E.B.S. im Alter von ca. 40 Jahren

DIE ENTDECKUNG DES ESSENISCHEN EVANGELIUMS DES FRIEDENS

(DIE ESSENER UND DER VATIKAN)

EDMOND BORDEAUX SZEKELY
(circa 1935)

AUS DEM VORWORT VON E.B.S. ZUR AUSGABE 1975

Was ist dieser wundersame Magnet, der so manchen jungen Geist anzieht, der die orthodoxen Praktiken konventioneller Kirchen satt hat? – Was läßt die vom kirchlichen Christus Abgefallenen zu Anhängern des lebendigen essenischen Christus werden? – Die Antwort mag in einem Wort liegen, das Jemand letzten Sommer zu mir sagte, der meine Wald-Klause in Britisch Columbien besuchte, wo ich letztes Jahr die Übersetzung von Band 2 und 3 des Friedens-Evangeliums der Essener fertigstellte.

Seine Augen strahlten, als er zu mir sagte: *«Niemand kann meine Betrübnis fassen, als ich die Kirche verließ. Aber mein logischer Verstand konnte nicht länger die leeren Rituale und märchenhaften Lehren ertragen. Als ich mich von Christus abwandte, warf ich mich in die Arme der Philosophie von Nietzsche und wurde ein strammer Atheist. Doch das war ein leerer Triumph; denn mein Herz sehnte sich danach, zu etwas Größerem als mir selber zu gehören, und Vernunft allein konnte das Bedürfnis nach Verehrung nicht befriedigen. Dann las ich das Friedens-Evangelium der Essener. Die Wahrheit leuchtete golden aus seinen Seiten. Ich wußte, ohne daß Jemand es mir hätte sagen müssen, daß dies der wahre Christus sei; und was er lehrte, war Nahrung für meine Seele ebenso wie für meinen Verstand. Logik und Liebe waren in einer wunderschönen Vereinigung verbunden: ich fühlte, daß ich endlich heimgekommen war.»*

Als ich sein Gesicht sah, so voll von Liebe und strahlendem Eifer, mußte ich an einige Zeilen aus einem der Lieblingsgedichte meiner Jugend denken:

Ich hatte vergessen, daß mein Leib heilig ist,
weil er gewaschen ist im Weissen Strom
ewiger Ordnung – oh Wunder aller Wunder!

Für das vorliegende Buch wünsche ich kein kleineres Wunder, als daß der Leser ebenfalls in den Weißen Strom eintreten und getauft werden möchte durch die alte Wahrheit dieser essenischen Offenbarung.

Edmond Bordeaux Székély
San Diego, California, 1975.

EINLEITUNG VON E.B.S. ZUR ENTDECKUNG DES ESSENISCHEN EVANGELIUMS DES FRIEDENS

«Im Andenken an Johannes XXIII:
In seinem weisen Mitgefühl
war er *«Il Papa»* für Millionen.
In seinem kreativen Denken
war er der Vorbote eines neuen Zeitalters –
In seinem Herzen war er ein Essener.»

Viele Worte in diesem Buch sind dem Hl. Franziskus gewidmet – und das zu Recht. Neben all seinen übrigen Eigenschaften war er auch die letzte Personifikation des Geists der Essener. Seit dieser sanfte Troubadour Gottes seine Botschaft von Liebe, Reinheit und Einfachheit überbrachte, ist niemand mehr erschienen, der so gänzlich den Essener-Geist dargestellt hätte.

Mit dem Eintritt des industriellen Zeitalters haben spirituelle Dinge in unserem Leben weniger und weniger Wirklichkeit erhalten, sodaß wir heute fast vollständig vergessen haben, daß wir geboren wurden von Mutter Erde und dem Himmlischen Vater. Der Gott des zwanzigsten Jahrhunderts heißt Technologie; seine großen Maschinen hängen völlig von begrenzten Treibstoff-Reserven ab: Es ist ein computerisierter Gott, den wir dazu programmiert haben, materielle Dinge zu produzieren, deren meiste wir nicht benötigen, und deren viele schädlich, ja verderblich sind.

Ein gutes Beispiel dafür, wie sehr unsere Prioritäten sich in den letzten hundert Jahren verschoben haben, ist die Reaktion der Welt auf die Entdeckung der Schriftrollen vom Toten Meer im Jahr 1945. Zwar gab es da eine große Aufregung. Aber es war die Aufregung über einen größeren archäologischen Fund, nicht die Feier einer geistigen Wiedergeburt. Die Masse von Artikeln in Büchern und Zeitschriften, welche dieser Entdeckung folgten, behandelten fast ausschließlich technische Details und konfuse theologische Diskussionen, durchsetzt von Kommentaren zu den Kommentaren, akzentuiert durch Fußnoten zu den Fußnoten.

Was ist aus uns geworden? Es gab eine Zeit in unserer Vergangenheit, da knisterte die Luft selbst von Wundern; da sangen die Vögel Lieder von Mysterien, und es war möglich, auf staubiger Landstraße einem barfüßigen Heiligen zu begegnen und mit seinem Geist aufzufliegen zu ungeahnten Gefilden der Geistigkeit. – Heute wird Euphorie durch Drogen und selbstzerstörerische Techniken erreicht, und Religion ist eine Angelegenheit von Macht, Pflicht und Rechtschaffenheit mehr als alles Andere – nach Plan, jeden Sonntag oder Samstag Morgen um elf Uhr.

Dieses Feuer der Verwunderung und Ehrfurcht vor dem Wunder des Lebens, das in der Essenischen Bruderschaft am Toten Meer so leuchtend brannte, und das zugleich mit dem letzten Essener – dem heiligen Franziskus – erlosch: An mir war es, es nochmals zu entflammen durch die Entdeckung des Essenischen Evangeliums. Das ist ein Buch der Wunder – nicht nur wegen der Weisheit und geistigen Führung, die in seinen Seiten enthalten sind, sondern weil es strahlt und glüht im verlorengegangenen Geist verflossener Jahrhunderte, als die Entfernung zwischen Menschheit und Gott noch nicht so groß war, und als alles in der Natur mit Engelsstimmen sang.

Das Evangelium der Essener ist nicht das einzige Manuskript seiner Art im Geheimarchiv des Vatikans. Da gab es Evangelien, die von Matthäus, Barnabas, Jakobus, Petrus und Thomas stammen sollen und welche die Manichäer benutzten, zusammen mit dem *Buch des Geburtshelfers*, dem *Essenischen Buch der Schöpfung*, den *Hymnus des Christus*, den *Physiologus*, verfaßt von ‹Essenischen Ketzern›, und dem *Ambrosius* zugeschrieben, die Streitschriften des *Tertullian* und die Manuskripte von *Simon dem Magier*. Alle diese Manuskripte wurden als apokryph verurteilt und *«verdammt in alle Ewigkeit»* – zusammen mit ihren Autoren und Anhängern.

Es gab eine Zeit, wo die Herausgabe irgendeines dieser unbekannten Schriften den größtmöglichen Aufruhr unter den Wahrheitssuchern hervorgerufen hätte – und wütende Kontroversen unter ergebenen Theologen. Heute wundert uns nichts mehr, schockiert uns nichts mehr. Zugleich mit der ersten Kernexplosion hat die Gewißheit, knapp vor der Vernichtung zu leben, unsere Perspektive von Leben und Tod unwiderruflich verändert. Gewöhnt an tägliche Gewalt und Terrorismus in einigen Teilen der Welt, scheint der Disput über die Authentizität eines apokryphen Texts unwichtig und gar frivol.

Aber weder Fatalismus noch Gleichgültigkeit werden das riesige Problem lösen, wie die Welt-Katastrophe abgewendet werden könnte: Wir müssen uns wieder betroffen fühlen vom Wunder des Lebens. Wir haben die Pandora-Büchse nuklearer Energie geöffnet; wir können auch mit dem Schlüssel der Wahrheit das verborgene Schatzhaus uralter Weisheit auftun, die in einem vergessenen Manuskript der Entdeckung harrt, oder in einer alten Schriftrolle, oder am unbekannten Sitz der Kenntnis in unserem Inneren. – Wir müssen unseren Platz im allgemeinen Weltbild wiederentdecken: unsere ursprüngliche Rolle als Partner des Schöpfers, indem wir helfen beim Säen und Ernten – und dabei, die Erde wiederum zum Garten zu machen.

Wir müssen unsere eigene Entdeckung des Essenischen Evangeliums machen. – Wir müssen den Heiligen Franziskus in unseren Herzen singen lassen.

❋

«Laudato sì, Missignore, con tutte le creature, e spetialmente Messer el Frate Sole ... »
Aus dem ‹Sonnengesang› von Franz v. Assisi (a.D. 1250)

DIE QUELLE

Sie lebten in der Wüste – am Strand eines Ozeans von Sand. Sie kamen in diese brennende Einöde, weil diese weniger grausam war als die Verfolgungen, die sie durch ihre Mitmenschen erlitten. Und in der unfruchtbaren Wüste pflanzten sie einen Garten, der wuchs und blühte während vieler Jahrhunderte. Sie hüteten unter einander die uralten Kenntnisse und den größten Schatz der Heiligkeit, den die Welt je gekannt hatte: Sie waren die Bruderschaft der Essener.

Sie waren sich nicht einmal ihrer Herkunft sicher, so ganz verlor sich die Erinnerung an ihre Anfänge im Fluß der Zeiten. Mose war einer von ihnen gewesen, und auch die Propheten des Altertums. Die Kinder des Lichts im alten Sumer waren von ihrem Blut, und auch die Heiler und Lehrer der Vorzeit – vor dem Kataklysmus des Pleistozäns, den wir die Sinthflut nennen. – Diese Bruderschaft ist immer mit uns gewesen.

Als sie ihren Garten in der Wüste geplant hatten, wässerten sie ihn mit liebender Fürsorge. Beim Morgengrauen erhoben sie sich, um mit den Engeln von Mutter Erde zu kommunizieren und ihre vielfachen Gaben zu betrachten. Sie priesen den Engel der Sonne, wenn sie aufging und wenn sie unterging, und sie sammelten den Morgentau von den Wüstenpflanzen und nutzten ihn, um den Engel des Wassers an die dürresten Orten auf Erden zu bringen.

Sie lasen im Buch von Mutter Erde und nutzten ihren Verstand, um in vollkommener Harmonie mit ihrer Umwelt zu leben. – Sie kommunizierten mit den Engeln des Himmlischen Vaters, wenn es Nacht wurde, und lernten vom Einen Gesetz, den Kuß des Friedens zu bringen den sorgenvollen Stirnen Jener, die bei ihnen Heilung und Hilfe suchten. Sie lehrten das Heilige Gesetz; sie beschrieben damit in unendlicher Geduld Schriftrolle um Schriftrolle, auf daß es für immer festgehalten würde. Sie schrieben Lieder von Lobpreis, Glückseligkeit und Sorge. Sie teilten die menschlichen Freuden und Kümmernisse selbst noch als sie die menschlichen Begrenzungen überwunden hatten.

Sie sandten Heiler aus. Und einer davon war Jesus, der Essener. Er wandelte unter Siechen und Verwirrten und brachte ihnen die Kenntnis, die sie benötigten, um sich selbst zu heilen. Einige von Denen, die ihm nachfolgten, schrieben nieder, was zwischen ihm und Jenen geschah, die litten und unter schweren Bürden seufzten.

Die Ältesten der Bruderschaft formten aus den Worten Gedichte und machten unvergeßlich die Geschichte des Heilers der Menschheit – des Guten Hirten. Und als endlich die Zeit kam, daß die Brüder die Wüste verlassen und an einen anderen Ort gehen sollten, blieben die Schriftrollen zurück als begrabene Schildwachen, als vergessene Wächter einer ewig lebendigen Wahrheit. Dann kam eine finstere Zeit – eine Zeit von Grausamkeit und Roheit, von Bücherverbrennungen, Aberglauben und Anbetung leerer Idole. Der sanfte Jesus ging für immer verloren im Abbild eines gekreuzigten Gottes; die Essener-Brüder verbargen ihre Lehren in den Gemütern der Wenigen, die sie für ihre Nachfahren bewahren konnten; und die Schriftrollen der Heilung lagen unbeachtet unter den wandernden Schatten der Wüste.

Laudato sì, Missignore, per Sor' Acqua,
la quale é molto utile et humile et pretiosa et casta ... »
Aus dem ‹Sonnengesang› von Franz v. Assisi (a.D. 1250)

DER BACH

Er wurde geboren in der Mitte des vierten Jahrhunderts, in der Stadt Stridon, im heutigen Jugoslawien. Seine Eltern waren wohlhabend, und als er 12 Jahre alt war, wurde er nach Rom gesandt, um dort seine Erziehung und Bildung fortzusetzen. Dort lernte er Lateinische Literatur und verbrachte seine freie Zeit damit, die Katakomben zu erforschen, die eine geheimnisvolle Anziehung auf ihn ausübten. Bevor er Rom verließ, wurde er auf den Namen Hieronymus getauft durch dieselbe Kirche, die ihn eines Tages zum Heiligen machen sollte.

Die nächsten 20 Jahre verbrachte Hieronymus mit Reisen: Sein rastloses Gemüt suchte nach Antworten, die sein förmlicher Lehrgang ihm nicht geben konnte. Endlich wandte er sich, wie so viele Wahrheits-Sucher vor ihm getan hatten, nach der Wüste. Durch Chalkis wanderte er während vieler Jahre, fügte seinem Latein das Griechische und Aramäische hinzu, betete und lernte zu fasten. Von jüdischen Eremiten und von Rabbinern, die in den über die Wüste verstreuten kleinen Städtchen lebten, lernte er das Hebräische. Er begann, Fragmente alter Handschriften zu finden, die sie besaßen und diese zu entziffern. Als er mehr und mehr solcher Bruchstücke fand, begann sich ihm ein geistiges Bild zu zeigen: das Bild einer großartigen Wahrheit alt-vergangener Jahrhunderte: einer Wahrheit, die noch weiter über jene Jahrhunderte zurück reichte, zu den eigentlichen Anfängen der Geschichte selbst. In mysteriösen Hebräisch-Buchstaben las er von einer einstigen Bruderschaft in der Wüste, die nach dem *Gesetz über allen Gesetzen* lebte, und deren Dasein in vollkommener Harmonie mit Himmel und Erde war; – Menschen, die sich tadelloser Gesundheit erfreuten und viel länger lebten als gewöhnliche Menschen; – die Kranke heilten die Unwissenden lehrten und Heiligkeit ausstrahlten auf Alle, die ihnen begegneten.

Nicht weit von seinem verborgenen Tal mit Dattelpalmen und einer urzeitlichen Quelle lebte zurückgezogen eine Gemeinschaft von Anachoreten, von denen Hieronymus überzeugt war, daß sie von jener mysteriösen Bruderschaft früherer Jahrhunderte abstammten. Sie lebten in kleinen Hütten mit bewässerten Gärten und kleinen Bücherregalen auf den Fenstersimsen. Sie aßen die Früchte der Dattelpalmen und die Kräuter aus ihren Gärten, bewegten sich durch die Wüste, indem sie sich nach den Sternen orientierten, beobachteten die Sterne in der klaren Luft der Wüste. Sie erwachten mit dem Morgengrauen und zogen sich in der Abenddämmerung zurück, indem sie jedes Mal mit den Engeln kommunizierten und Betrachtungen über den Himmlischen Vater anstellten. Und auch sie besaßen Fragmente alter Handschriften, welche die Lehren enthielten, worauf ihr Leben beruhte. Hieronymus schrieb an einen Freund: *«Hebrei habent veritatem – die Juden haben die Wahrheit»* – und nun besaß Hieronymus diese Wahrheit auch.

Als Folge eines religiösen Streits verließ er die Wüste und ging nach Antiochien, wo er die Nazoräer von Beroea besuchte, um ihre Kopie eines *Evangeliums der Hebräer* zu überprüfen, das vorgeblich das Original war. Sein Ruhm als Kenner des Hebräischen nahm zu; und zu jener Zeit übertrug er ins Lateinische zwei Homilien zu Jeremiah, 14 zu Ezechiel, und 9 zum sechsten Kapitel von Jesaiah. Und wieder rief ‹das Wüstenleben› nach ihm, und er packte seine Bücher und kehrte nach seine Klause zurück, begleitet von Innocent, Heliodorus und einer Gruppe junger Gefolgsleute. – In dieser Rückzugsklause erreichte ihn die Berufung von Rom.

Papst Damasus, der später als Hl. Damasus kanonisiert wurde, war ein Poet und Archäologe, und der Begründer der päpstlichen Bibliothek. Ein Liebhaber der Illuminier-Kunst, schrieb er seine Handschriften in selbst entworfenen Lettern. Aber sein größter Dienst an unserer Kultur war seine Einladung an Hieronymus, seine geliebte Wüstenklause zu verlassen und sein Privatsekretär zu werden. Denn als der Papst Hieronymus' profunde Kenntnisse von Handschriften des ersten Jahrhunderts erkannte, machte er ihn nicht nur zum päpstlichen Sekretär, sondern gab ihm die zusätzliche Aufgabe, das Neue Testament [ins Lateinische] zu übersetzen.

Die lateinische Übersetzung aus dem zweiten Jahrhundert war, so fand der Papst, durchs ständige Kopieren und Nachkopieren durch die Schreiber *«voller Fehler und zweifelhafter Passagen»* geworden – und dies in dem Maße, daß jede Kopie eine neue Version ergab. Jetzt entfesselte Hieronymus seine volle schöpferische Kraft über einem Schatz von Material; und während er unter dem Patronat von Papst Damasus stand, stellte er nicht nur die *Revision und Vervollständigung der Evangelien* fertig, sondern übersetzte auch den Psalter der Septuaginta, deren Hohelied, die Sprüche Salomonis und den Prediger Salomo ins Lateinische. Auch übersetzte er das Buch Judith, das Buch Tobias und *eine Anzahl ‹apokrypher Dokumente›*, worunter auch die hebräischen und aramäischen Bruchstücke alter Handschriften, die er so lang und geduldig zusammengetragen hatte. Diese Letzteren waren es, die einen Sturm von Kritik und Verleumdung auslöste.

Hieronymus selber schrieb an Papst Damasus: *«Wie weit kann ich die Sprache dieser Version* {scias: des hergebrachten Evangeliums} *berichtigen, indem ich es zurück führe zu den frühen Tagen seiner Kindheit? Gibt es einen Christen – ob gelehrt oder ungelehrt – der mich nicht in grober Sprache anklagen und einen Fälscher und Profanierer schimpfen wird, weil ich die Kühnheit habe, den alten Handschriften etwas hinzuzufügen , etwas daran zu ändern oder zu korrigieren?»*

Seine Worte sollten prophetisch sein: Während Papst Damasus lebte, wurde die Echtheit der Übersetzungen von Hieronymus nicht in Frage gestellt. Aber mit dem Tod seines Schutzpatrons und unter dem Druck seines mächtigen Gegners Augustinus wurden die Stimmen, die sich gegen ihn erhoben zu einem solchen Aufschrei, daß der Protest der griechischen Gemeinden gegen die Übersetzung von Hieronymus die Bischöfe dazu zwang, die Meinung der jüdischen Bewohner zum Zeugnis anzurufen. Die Meisten von diesen hielten es zwar mit Hieronymus; aber der ständige Wirbel war zuviel für einen friedlichen Philosophen; und im August 385 verließ Hieronymus mit schwerem Herzen ‹Babylon› und wanderte aus nach dem Heiligen Land.

Nochmals folgte er dem ‹Wüstenleben als Weg zum ewigen Leben›, führte seine Suche nach Bruchstücken hebräischer Handschriften fort und setzte mehr und mehr Elemente der Geschichte der Essenischen Bruderschaft zusammen. Er betrieb seine Arbeit in Bethlehem und erstellte eine lateinische Übersetzung des Alten Testaments, der Chronik, des Buches Hiob sowie unter Anderem auch koptisch asketischer Werke. Er leitete die Gründung eines Mönchsklosters, worin er versuchte, Einiges aus der Lebensart der Essener in die Praxis umzusetzen. Zeit seines Lebens setzte er seine Suche nach der Wahrheit fort, und sein Durst nach allseitigem Wissen war unstillbar.

Als Hieronymus gestorben war, wurden seine Manuskripte in alle Welt verstreut, einschließlich seine hebräischen und aramäischen Übersetzungen; aber viele davon erhielten ein Asyl im Geheimarchiv des Vatikans – und gelegentlich im Kloster von Monte Cassino: Der Fluß trat in den Strom über.

«Laudato sì, mi Signore per Sora nostra, Morte corporale,
dalla quale nullo homo vivente puo scapare ... »
Aus dem ‹Sonnengesang› von Franz v. Assisi (a.D. 1250)

DER STROM

St. Benedikt, der Schutzheilige ganz Europas, wurde ums Jahr 480 herum zu Nursia in Umbrien geboren – nahe dem heutigen Spoleto. Seine provinzlerische aber kultivierte Familie sandte ihn nach Rom, um dort seine Bildung und seine Laufbahn zu beginnen. Aber die Korruption in der degenerierten kaiserlichen Stadt schockierte ihn zutiefst[2], und so zog er sich als Eremit nach Subiaco zurück. Später fand er eine Höhle in den Felsen nahe den Ruinen von Nero's Palast und lebte dort allein während dreier Jahre. Die Legende will, daß er dort von Raben gefüttert worden sei; doch wahrscheinlicher ist, daß Romanus für ihn sorgte: ein Mönch in einem der zahlreichen Klöster in der Gegend.

Irgendwann bei seiner Suche nach Wahrheit entdeckte der junge Benedikt die Übersetzungen der mysteriösen hebräischen Textbruchstücke von Hieronymus – gerade so wie Hieronymus vor so vielen Jahren bei seiner eigenen Wahrheitssuche über deren Originale gestolpert war. Das Leben der Essener des ersten Jahrhundert muß für den jungen Eremiten eine großartige Vorstellung gewesen sein[3] inmitten der Qual, die er im bedrohlichen Welt-Chaos erfuhr. Ein blühender Zweig vom ewigen Baum des Lebens schlug Wurzeln, wuchs und erblühte in seiner Seele. Die Form der Bruderschaft der Essener wurde zur Ordensregel des Benedikt – ein Meisterstück aus Ordnung und Einfachheit, das ein Mönchs-System zur Entwicklung brachte, welches die westliche Kultur während der finsteren Jahrhunderte vor dem Erlöschen retten sollte. Allein in seiner Höhle, fühlte er sich als Brücke zwischen zweien Welten: Der von Sonnenlicht erfüllte Glanz und die Ordnung der vorangegangenen Brüder, deren Leben der Harmonie von Natur und Kosmos folgte – und die barbarische, üble Zeit, die sich vor ihm erstreckte wie ein gähnender Abgrund, der drohte, alles zu verschlingen und zu ersäufen, was Menschen bis dahin an Weisheit und Schönheit hervorgebracht. – Benedikt war entschlossen, dies nicht zuzulassen und rief die Essener Brüder aus der Vergangenheit her, damit sie ihm hülfen.

Jünger begannen, sich um ihn zu scharen. Er verließ seine Höhle und gründete zwölf Klöster – jedes mit zwölf Mönchen. Sein Ruhm wuchs – und damit unvermeidlich auch der Versuch, ihn zu vernichten. So wie er sich einst von Rom abgewandt hatte, so entfloh er den Intrigen, und zusammen mit einigen Jüngern wandte er seine Augen nach dem Gipfel eines Hügels, der sich steil über Cassino – halbwegs zwischen Rom und Neapel – erhob.

Monte Cassino wurde zu einer wunderschön organisierten Festung von Sicherheit und Ordnung inmitten des umgebenden Chaos von Invasion, Desorientierung und Konfusion. Es wurde zu einem von zwei magnetischen Polen der westlichen Zivilisation – der andere Pol war der Vatikan. So wie die Essener während der wirren Zeiten des ersten Jahrhunderts das

Heilige Gesetz hüteten, so hüteten und kopierten die Benediktiner Mönche in ihren Scriptorien, welche die Rolle heutiger Verlagshäuser spielten, die Werke von Cicero, Seneca, Tacitus, Hieronymus und Augustinus, von Flavius Josephus, Philo von Alexandrien, und vieles Andere mehr, was sonst unter dem Getrampel der Krieger, die alsbald Europa in Stücke reißen sollten, zu Staub geworden wäre.

Vom höchsten Punkt des Monte Cassino aus konnte man das grüne Tal von Iri in voller Länge überblicken. Das Kloster selbst bestand aus einer Festung, einem vorchristlichen Tempel und einem heiligen Hain. Monte Cassino und die übrigen Benediktiner Klöster waren ökonomisch autarke, autonome und abgeschiedene Städte, wohl gerüstet, um dem Wirbel der Welt zu trotzen. Innerhalb ihrer Grenzen fand sich alles Nötige zum Leben: Quellen, Gemüsegärten, Obsthaine, Felder wo Korn wuchs, Öfen zum Backen (die Mönche buken ihr eigenes Brot), Material für Künstler und Handwerker – und überdies eine Bibliothek mit einer großen Zahl von Büchern und Manuskripten, die im Scriptorium studiert und vorgelesen wurden.

Aber von allen Essenischen Echos, die in Benedikts Welt widerhallten, war das vielleicht schönste und dauerhafteste seine *Regola Santa* – die *Heilige Regel.* Das war ein hochgradig logischer und praktischer ethischer Codex fürs Gemeinschaftsleben der Mönche, der zu ihrem größten Vorteil und Nutzen wirkte. In praktisch jeder Hinsicht interpretierte er die Lebensweise der Essener Bruderschaft, angepaßt an die mittelalterlichen Verhältnisse: Alles war der Besitz von Allen. Der Abt, durch die Mönche erwählt auf Lebenszeit, hatte die höchste Machtbefugnis, war aber verpflichtet, den Rat der Ältesten zu befragen, während alle seine endgültigen Entscheidungen allein zwischen ihm und Gott lagen. Indes repräsentierte er Beide: die Menschheit und den Schöpfer in ihrer Zusammenarbeit beim nie-endenden Werk der Schöpfung. Er wählte selbst seine Beamten: Prior, Novizen-Meister, Gastgeber-Meister und die Übrigen; aber obgleich ihr Verhalten bis in die kleinsten Einzelheiten bestimmt und aufgeschrieben war, weht doch ein großzügiger Atem von Menschlichkeit und brüderlicher Liebe durch die ganze Regel. In dieser Hinsicht ist sie einmalig unter sämtlichen mönchischen und religiösen Regeln des Mittelalters und beweist ihre Verbindung zu den Essenischen Traditionen. Die weise Ausgewogenheit von Gebet, Arbeit und Studium – *ora et labora* – die Pflege, die der Körper erhielt, indem die Zeit klug aufgeteilt war zwischen Ruhe, Exerzitien und Ernährung; – die große Bedeutung, die der Gärtnerei und dem Bestellen der Felder gegeben wurde; – die Liebe zu Musik und Kunst; – und vorallem die Höflichkeit, die jedem einzelnen Gast entgegengebracht wurde, wie wenn er Der Herr selber gewesen wäre: All dies stand dem Leben in der Bruderschaft am Toten Meer viel näher als dem mittelalterlichen Europa[4]. Der Charakter von Benedikt leuchtet durch jedes Wort seiner Regel: Weisheit gemildert durch Liebe; – Ordnung und Autorität gedämpft durch Mitgefühl.

Eine nach Rom gesandte Kopie der *Regola Santa* ging verloren; aber eine handschriftliche Kopie des Heiligen selber verblieb in Monte Cassino. – Während der Lombardischen Invasion[5] flohen die Mönche mit dieser originalen Kopie, einem Gewicht für Brot und einem Maß für Früchte nach Rom[6]. – All diese Relikte wurden in der Mitte des 8. Jh. durch Papst Zacharias auf den Monte Cassino zurück gebracht. Im 9. Jh. wurden viele Manuskripte durch marodierende Sarazenen zerstört. – Endlich ging das letzte von Benedikt selbst geschriebene Pergament während der napoleonischen Kriege verloren. Einige wichtige Fragmente überlebten jedoch und belegen heute noch die ursprünglichen Essener Traditionen wie Hieronymus sie niedergeschrieben hatte, dieser unermüdliche Übersetzer so vieler Texte des ersten Jahrhunderts.

Das ursprüngliche *«Friede sei mit Euch»* im Prolog des Essener Evangeliums wurde zu *«Suche Frieden und setze ihn fort»*. – Des Essener-Evangeliums höchstes Gesetz – *«Liebet Eure Nächsten, denn euer Himmlische Vater ist Liebe; denn eure Mutter Erde ist Liebe; denn der Sohn des Menschen ist Liebe»* erhielt ein Benediktiner Gewand: *«... An aller erster Stelle den Herrn, Gott zu lieben mit unserem ganzen Herzen, unserer ganzen Seele unserer ganzen Kraft, und danach unseren Nächsten wie uns selber»* (Kap. 4).

Die Lehre der Essener über den Himmlischen Vater und seine Engel sowie ihr Lobpreis und ihre Führung, um in Harmonie mit ihnen zu leben: *« ... und so werden seine Engel wissen, daß ihr auf Seinen Wegen wandelt ... »* wurde zu folgender Ermahnung: *«Laßt uns daher gut bedenken, wie wir uns vor den Augen Gottes und seiner Engel betragen, und laßt uns beim Singen der Psalmen so dastehen, daß unsere Seele im Einklang mit unserer Stimme sein kann»* (Kap. 19)[7]

Das Gemeinschaftsleben und die gemeinschaftliche Arbeit in den Essener-Bruderschaften wie sie durch [Flavius] Josephus, Philo und Plinius so schön beschrieben werden, überlebt mächtig in Kapitel 48 von Benedikts *Regola Santa*: *«Dann sind sie wirkliche Mönche, wenn sie von der Arbeit ihrer Hände leben, wie dies unsere Väter und die Apostel taten»*. – Die göttliche Liebe war der universelle Maßstab für die Ältesten der Essener Bruderschaft; und diese selbe göttliche Liebe fließt in Benedikts Rat an den Abt mit (Kap. 64): *«Laß ihn Allem solches Maß geben, daß der Starke etwas hat, danach zu streben, und der Schwache nichts, entmutigt zu sein»*.

Die Grund-Lehre des Evangeliums der Essener ist:
«... und so sollt ihr eure wahren Brüder lieben, wie euer Himmlischer Vater und eure Mutter Erde sie liebt» wird in Kap. 72 der *Regel* zu: *«Laßt sie gegenseitige Liebe hochhalten keusch wie Brüder. Laßt sie Gott fürchten in Liebe[8]. Laßt sie ihren Abt lieben in echter und hingebender Zuneigung. – Laßt sie nicht das Geringste über Jesus stellen, und möge Er uns alle zusammen ins ewige Leben bringen»*.

Benedikt schrieb in seiner *Heiligen Regel*, daß es in seinem Kloster stets Gäste geben solle, und er machte dies zu einem Gesetz in seinem Kapitel 53: *«Jeder Besucher, der anklopft, soll willkommen geheißen werden, als ob er Jesus selber wäre»*. – Die über tausend Jahre, die vergangen sind, seit er sein Kloster auf dem Monte Cassino gründete, haben die Wahrheit seiner Worte bewiesen: Besucher finden hier stets eine Atmosphäre siebenfachen Friedens, eine Einladung, mit den Engeln zu kommunizieren in der ständigen göttlichen Gegenwart einer lebendigen Gemeinschaft, die einen täglichen Kreislauf von Kommunionen anbietet.

Auf wundersame Weise haben die Klöster des Hl. Benedikt zum größten Teil die vielen außerhalb der friedlichen Mauern geführten Kriege relativ unbeschadet überstanden. Sogar im Jahr 1943 fühlten sich die Deutschen veranlaßt, den Abt auf Monte Cassino zu warnen, daß in wenigen Tagen das Kloster zum Mittelpunkt entscheidender harter Kämpfe mit furchtbaren Artillerie-Duellen werden würde.

Unter der Anleitung des Abts stellten Hunderte von Mönchen improvisierte hölzerne Kisten her und verpackten die unschätzbaren seltenen Handschriften, Schriftrollen und Codices mit ihren griechischen und römischen Klassikern, den wichtigsten Werken der Patristiker und Scholasten sowie über 40'000 Pergamente, deren Wert keine Zahl angeben kann. Und alle diese fanden einen sicheren Unterschlupf in den Geheimarchiven des Vatikans.

«Laudato sì, mi Signore per Frate Vento et Aere,
et nubilo et sereno et onne Tempo … »
Aus dem ‹Sonnengesang› von Franz von Assisi (a.D. 1250)

Der Ozean

Eines der einzigartigsten, ganz besonderen Menschenwesen der Geschichte war der Heilige Franz von Assisi. Er ist einer der ganz wenigen katholischen Heiligen, der nicht in die Grenzen einer einzigen Religion oder Philosophie paßt: Er gehört der Welt!

Wie der junge Prinz Gautama Buddha, der seines Vaters Königreich verließ, um in den Wäldern des Alten Indien nach der Wahrheit zu suchen, so erkannte auch Franziskus schon sehr jung die Eitelkeit und Hoffnungslosigkeit der materialistischen Welt mit ihrer Grundstimmung von Gier und Egoismus. Beiden wurde klar, daß in diesem Ozean des Leidens der Menschheit das Wichtigste ist, diesem Leiden unmittelbar abzuhelfen. – In dieser Erkenntnis liegt beides: zeitlose Weisheit und moderne Effizienz. Wenn dein Haus brennt – so sagt Buddha – dann ist das Erste was zu tun ist, aus dem Haus zu laufen. So verließ der junge Franziskus das Schatzhaus seines Vaters – nackt und ohne Besitztümer – um sich der Einfachheit, dem Schatz der Armen zu widmen und allen Jenen ein unvergeßliches spirituelles Festessen anzubieten, die ihm bei seiner Wanderung auf den Straßen Italiens begegneten.

Der junge Buddha und der junge Franz – sie waren zwei Lichtblitze am finsteren Himmel der Menschheit, die sie hoffnungslos verstrickt fanden in einem Netz von Unwissenheit, Gewalt und Durst nach selbstzerstörerischen Vergnügungen. Mit unaussprechlichem Mitgefühl sahen Beide auf die Menschenkinder, die, ständig erfüllt von ihren unstillbarer Begierden, Gesundheit und Seelenruhe verloren in ihrem Morast vergänglicher Besitztümer. Und so wie der Blitzstrahl die Erde in blendender Helligkeit sichtbar macht, so legten ihre Leben urtümlicher Einfachheit und Reinheit in ihrem krassen Gegensatz das Elend und die Unwissenheit um sie her bloß. Beide erbauten das wahre Königreich des Geistes in ihrem Herzen und einten alle Kräfte des Lebens gegen die Kräfte des Todes.

Es überrascht nicht, daß heutige junge Menschen sowohl geistige Giganten als auch erleuchtete Geister gefunden haben, denen sie bedingungslos vertrauen können. Sie sehen einen revolutionären Geist wie ihren eigenen und durchschauen die sterile, stereotype Ziellosigkeit des hochtrabenden Establishments mit seiner sturen Autorität und seiner Verehrung des Goldenen Kalbs. Jene Beiden jedoch sind für die heutige Jugend Zeugen für neue Hoffnung, für die Rückkehr zur ewigen Geistigkeit der Seele und zur Einfachheit der Natur – beides zusammen die letzte Chance, dem sich weitenden Abgrund menschlicher Selbstzerstörung noch zu entkommen.

Franziskus war der Ozean zum Strom des Hl. Benedikt, zum Bach des Hieronymus und zum verborgenen Quell der Essener Bruderschaft. Er ist für diese Geschichte wichtig nicht dessentwegen was er war, und nicht für was er entdeckte. Franziskus brauchte nicht nach heiligen Schriftrollen zu suchen: Das Wort Gottes war in sein Herz eingeätzt. Er war eine geistige Inkarnation derer, die diese Schriftrollen geschrieben hatten – eine

Zusammenfassung im 12. Jh. aller Essener-Brüder, die je gelebt haben. Er sang für seine geliebten Vögel von den Engeln, von Sonne, Wasser und Frieden. Er trug keine Schuhe, um stets Mutter Erde unter seinen Füßen zu fühlen. Nachts schlief er im Freien, wo immer er sein mochte, wenn die Nacht sich niedersenkte; denn die köstlichen Sterne seines Himmlischen Vaters schienen über seinem Haupt, wo immer er sich niederlegte. Seine Regel war ganz einfach *«den Lehren von Jesus nachzufolgen und in seinen Fußspuren zu wandeln»*. Und niemand in der Geschichte hat das je mit so viel Freude und Ausdauer getan. – Durch die Städte und Dörfer Italiens wanderte er, wie es seine Essener Brüder ein Jahrtausend früher in Galiläa getan – heilte Sieche, lehrte Unwissende und teilte seine Botschaft von Liebe und Mitgefühl mit allen, die zuhören mochten. – Mehrmals hielt er sich bei den Benediktiner Mönchen auf Monte Cassino auf, deren reines, einfaches Leben in Armut, Keuschheit und Gehorsam zur Inspiration wurde für seine Regel, die er seinen eigenen Mönchs-Brüdern gab. Und wenn er und seine Eremiten bei Sonnenaufgang erwachten, dann erhoben sie ihre Arme zu Sonne, Regen und Wind – mit derselben Inbrunst, wie ihre Essener-Brüder am Strand des Toten Meers es vor so vielen Jahrhunderten getan. Der *Sonnengesang* und das *Evangelium der Essener* sind im Wesentlichen identisch; und so wandert die Ehrerbietung für das Leben, die dem Essener-Geist innewohnt, unbeeinträchtigt durch die Jahrhunderte. Er war kein Gelehrter. Er hatte kein Bücherwissen und keine Autorität, auf die er sich hätte berufen können. Aber er schöpfte aus dem ewigen Meer von Weisheit und Liebe die überquellende geistige Kraft, die stagnierende Kirche zu erneuern. – Er hatte den Schlüssel, um die Ewigkeit zu eröffnen. – Und so öffnete er sie wirklich – seine Arme ausgestreckt nach allen Geschöpfen Gottes – allen seinen Brüdern und Schwestern. Ihm war die ganze Natur ein Spiegelbild Gottes – und der Mensch das Gesegnetste von allen: Die Kraft der Erde war in seinen Gliedern, und das Licht des Himmlischen Vaters war auf seiner Stirn. Und mit absolutem Glauben und freudigem Mut schuf Franziskus eine Oase des Lichts im düsteren Meer der degenerierten Kirche des Mittelalters.[9]

Laudato sì, mi Signore, per Frate Focu per lo quale enallumini la nocte
et ello é bello et iocundo et robusto et forte !
Aus dem ‹Sonnengesang› von Franz von Assisi (a.D. 1250)

MEINE LATEINISCH- UND GRIECHISCH-AUSBILDUNG IM PIARISTEN-ORDEN

Cognoscere est cognoscere causas – Erkennen heißt, die Ursachen, den Ursprung erkennen, so sagte der Römische Philosoph Lucretius. – Und so will ich beim allerersten Anfang beginnen.

Alles begann mit einer Art Potsdamer Abkommen zwischen meinem Vater, einem Transsylvanischen Unitarier, und meiner Mutter, einer französischen Katholikin. Man kann sich nur wundern über die Stärke des liebenden Bandes, das sie zusammenhielt, wo doch ihre religiösen Überzeugungen Lichtjahre auseinander lagen. Einer der Vorfahren meines Vaters war der Mitbegründer des Unitarianismus in Transsylvanien, ein enger Freund von Francis David, der sein revolutionäres Buch *Die Einheit von Gott* verfaßte, während meines Vaters Vorfahre die erste *Universal-Geschichte von Zentral-Europa* schrieb. Beide benutzten dieselbe Druckpresse, die sie aus Deutschland gebracht hatten: der eine benutzte sie am Tag, der andere in den Nachtstunden. Im Gegensatz dazu war einer der Vorfahren meiner Mutter ein französischer Kardinal und der Autor eines mittelalterlichen Wälzers über *Die göttliche Autorität und die Kirche.* – Mein Vater folgte dem unitarischen Prinzip, daß man nie etwas akzeptieren soll, was dem gesunden Menschenverstand widerspricht; und daß jedes Mitglied der Gemeinde frei sein solle, sich jede ihm richtig scheinende Vorstellung von Gott, dem Leben und dem Universum selbst zu bilden. Meine Mutter glaubte ergebenst an das Mysterium der Heiligen Dreifaltigkeit von Vater, Sohn und Heiligem Geist.

So sah mein Hintergrund unterschiedlicher elterlicher Philosophien aus, als das Thema meiner Ausbildung zu einem Entschluß drängte. Und im Geiste der Konzilianz kamen die Beiden zu folgender Abmachung: Ich sollte in einem katholischen Piaristen-Kloster ausgebildet werden, das in klassischer Bildung spezialisiert war, mit Schwergewicht Griechisch, Latein und Kirchenliteratur. Dann, nach dem Abschluß der Piaristen-Schule, sollte ich auf die Universität von Paris gehen und meine Bildung an der Sorbonne bis zu meinem Doktorat in Philosophie vervollständigen. Danach sollte es mir anheimgestellt sein, welchen Beruf und was für eine Religion ich für mich selber wählen würde. – Und so begann mein Schulleben im Piaristen-Orden.

Zuerst fiel es mir sehr schwer, mich nach dem Luxus unseres wohlhabenden Hauses an die Strenge und Nüchternheit des Piaristen-Lebens zu gewöhnen (mein Vater besaß weite Ländereinen in Transsylvanien und Frankreich): Aufzuwachen bei Tagesanbruch, zur Messe zu gehen, mich in ungeheizten Räumen mit kaltem Wasser zu waschen und all die langen

Edmond Bordeaux Székély im Piaristen-Orden

Stunden des Tages hindurch das berühmte Losungswort der Piaristen zu personifizieren: *Ora et labora – bete und arbeite.* Wollten wir ein Stück Brot oder auch nur ein Glas Wasser, so mußten wir in perfektem Latein darum bitten … – Aber im Rückblick bin ich unendlich dankbar für mein Training in Disziplin und Willensstärke – und meine großen Kenntnisse in Griechischer und Lateinischer Philologie und Literatur.

Als ich 18 Jahre alt war, sprach ich klassisches Griechisch und Latein fließend, graduierte *magna cum laude* und wurde zum Abschiedsredner der Klasse bestimmt. Gleichzeitig bereitete ich meine obligatorische Doktorarbeit vor, mit dem Titel *Laßt St. Franziskus singen in euren Herzen.* – Es war ein Werk der Liebe, und ich schrieb es ohne Mühe, ohne zu ahnen, welche Kette von Ereignissen es in Bewegung setzen würde.

Gleich nach meiner Promotion wurde ich ins Büro unseres Klassenlehrers Msgr. Mondik gerufen, des Priors des Klosters. Als ich eintrat, schaute er von meiner Doktorarbeit auf, die er durchgesehen hatte, und lächelte: «Nun, mein Sohn» – sagte er – «du bist nun so weit, in die große, harte Welt auszufliegen. Sehr bald wird Satan dir alle Versuchungen eines Lebens voller Vergnügungen und Luxus zeigen. Also habe ich mich entschlossen, Satan zu schlagen und dich stattdessen in ein großes spirituelles Erlebnis hinein zu steuern. Ich habe hier einen Einführungsbrief an meinen alten Mitschüler, den Präfekten der Vatikanischen Archive. Mit diesem Brief werden die Türen der Archive für dich offenstehen, sodaß Du Alles über unseren geliebten Franziskus herausfinden kannst, so wie du diesen Wunsch in deiner Doktorarbeit geäußert hast».

Als er die spontane Begeisterung auf meinem Gesicht sah, hob er seine Hand und fuhr in einem ernsteren Ton fort: «Aber, mein Sohn, dieses Privileg hat seinen Preis: Während deiner Studien unter dem Präfekten des Vatikans mußt du dich dem Gelübde der franziskanischen Mönche – Armut, Keuschheit und Gehorsam – unterwerfen und auch so leben. Du mußt dich kleiden und leben auf die einfachst mögliche Art, und ausschließlich schwarzes Brot, Käse, Früchte und Gemüse essen. – Nichts sonst. – Ich weiß, Deine Familie hat große Reichtümer; aber während dieser Zeit darfst du keinen einzigen Pfennig von ihnen annehmen». Er hielt einen Umschlag hoch und sagte: «Hier wirst du eine sehr bescheidene Summe in italienischer Währung finden, entsprechend dem Lohn des ärmsten, unausgebildeten Arbeiters in Italien. Und du mußt auch wie ein solcher leben. Andererseits jedoch wirst du das geistige Festmahl genießen, unter meinem Freund Msgr Mercati studieren zu dürfen und die unerschöpflichen Schätze aller Zeiten in den Archiven und der Bibliothek des Vatikans zu deiner Verfügung zu haben. – Nun, mein Sohn: bist du willens, dieses große Opfer zu bringen?»

Ich war sprachlos vor Überraschung und unfähig zu sprechen. Überwältigt durch die Aussichten auf diese unglaublichen Möglichkeiten, konnte ich keine Worte finden, meine Dankbarkeit auszudrücken. Zum Glück war unser Klassenlehrer so einfühlsam und verständnisvoll wie er weise und gelehrt war. Er lächelte und nickte mir zu, als wenn er sagen wollte, er wisse, was in meinem Gemüt vor sich ging, dann übergab er mir den Umschlag und den Einführungsbrief und sagte: «Ich will meinem Freund außerdem auch deine Arbeit über Franziskus senden. Sie ist sehr vielversprechend, und ich bin sicher, er wird sich darüber freuen. – Geh mit Gott, mein Sohn.»

Er gab mir seinen Segen und ich fand mich über das Gelände des Klosters wandernd wieder – völlig betäubt, und nur des kostbaren Briefs in meiner Hand bewußt.

(Bevor ich weiter gehe, möchte ich hier einen Auszug jener Doktorarbeit über den Hl. Franziskus zitieren, die mir das Herz meines piaristischen Klassenlehrers eröffnete, und damit die Türen der Vatikanischen Archive. – Vergebt mir das geistige Feuer darin: ich war damals erst achtzehn Jahre alt.):

«LASST FRANZISKUS SINGEN IN EUREN HERZEN!»

Franziskus:

Wir sehen das Antlitz des Hl Franziskus und sein Lächeln, wie ein Aufblinken unserer ersten Liebe – oder unseres verlorenen Gartens Eden. Dieses Lächeln voll Dankbarkeit und Demut ist das Mysterium einer der stärksten, eigenartigsten und originellsten Figuren in der Menschheitsgeschichte. – Seine Augen! Sie glühten vom Feuer, das ihn verzehrte, Tag und Nacht. Er liebte die Natur wie Eltern ihre Kinder lieben, deren jedes eine einmalige und geliebte Persönlichkeit ist. Wenn er durch einen Wald schritt, dann sah er nicht den Wald als Ganzes, sondern jeden Baum einzeln: Er wollte jeden Baum als ein abgesondertes Ding sehen – als ein Kind Gottes, und daher als einen Bruder oder eine Schwester der Menschen. Er war ein Dichter, und sein ganzes Leben war ein Gedicht. Seine Brüderlichkeit gegenüber Sonne und Mond, Wasser und Feuer ist wunderbar ausgedrückt in seinem Sonnengesang – dem Canto del Sole. Er sang ihn während er durch die Wiesen schritt, indem er die ganze Leidenschaft eines Poeten himmelwärts ausschüttete. Seine Hymne, so erfüllt von Heiterkeit der Jugend und Erinnerungen der Kindheit, lief durch sein ganzes Leben wie ein Refrain.

Der Sonnengesang[10]

Höchster, allmächtiger Herr:
Dir gehören Lob, Ruhm, Ehre und alle Benedeiung:
Dir allein, Höchster gebühren sie,
und kein Irdischer ist würdig, Dich zu erwähnen!

Gelobt seist Du, mein Herr
mit allen Deinen Geschöpfen,
vornehmlich dem edlen Herrn, Bruder Sonne,
Welcher Tag ist, und durch den Du leuchtest.
Und Er ist schön, und strahlend, und voll großen Glanzes:
Dein Sinnbild ist er für uns, oh Höchster!

Gelobt seist Du, mein Herr,
durch Schwester Mond und auch die Sterne:
Am Himmel hast Du sie gebildet
in Helle, Kostbarkeit und Schönheit!

Gelobt seist Du, mein Herr
durch Bruder Wind und die Luft,
durch wolkiges, heiteres und jegliches Wetter,
wodurch Du Deinen Geschöpfen Gedeihen gibst!

Gelobt seist Du, mein Herr,
durch Schwester Wasser,
die allzeit Nützliche:
Demütig, köstlich und keusch ist sie!

Gelobt seist Du, mein Herr,
durch Deinen Bruder, das Feuer,
wodurch die Nacht Du erleuchtest;
denn schön ist er, fröhlich, gewaltig und stark!

Gelobt seist Du, mein Herr,
durch unsere Schwester, Mutter Erde,
die uns ernährt und erhält, und die hervorbringt
vielfältige Frucht und bunte Blumen und Kräuter!

Gelobt seist Du, mein Herr,
durch Jene, die aus Liebe zu Dir vergeben
und fest bleiben in Krankheit, Schwäche und Trübsal!

Glückselig Jene, die ausharren in Frieden,
denn Du selbst, Höchster, wirst sie einst krönen!

Gelobt seist Du, mein Herr,
durch unseren Bruder, den leiblichen Tod:
Ihm kann nichts irdisch Lebendes entrinnen!

Weh Jenen, die in Todsünde sterben;
Selig, Die blieben in Deinem heiligsten Willen:
Sie sollen verschont sein vom zweiten Tod!

Lobet und preiset Ihn, meinen Herrn,
und dankt Ihm alle,
Und dient Ihm
in tiefer Demut und großer Ergebenheit!

Die Brüder:

Eines Tages schaute ich hinunter auf den See. Und ich sah unsere ganze Stadt kopfstehen. Wir gedachten, unsere Stadt sicherer und dauerhafter zu machen dank massiven Fundamenten und Wachttürmen und der hohen Zitadelle, von der aus man Alles übersehen konnte. – Aber wenn man Alles kopfstehen sieht, sind gerade diese seine Stärke und Macht das Verletzlichste! Die ganze Welt schien an einem dünnen, gottgegebenen Faden zu hangen. Ich sah plötzlich Alles in einem neuen Licht ewiger Gefahr und purer Abhängigkeit von der Gnade Gottes. Und ich dankte heiß und vom Grund meines Herzens dem allmächtigen Gott, daß die Welt nicht abgeschnitten worden und an fallenden Sternen zerschellt war!

Je weniger ein Mensch an sich selber denkt, desto mehr denkt er an sein gutes Glück und an all die wunderbaren Geschenke Gottes. Denn es gibt keinen Weg, auf dem ein Mensch einen Stern verdiente oder einen Sonnenuntergang bekommen müßte. Wir sollten dem Schöpfer unendlich dankbar sein für alle die überaus schönen Gaben, die wir von Ihm erhalten, Tag für Tag, unser Leben lang. Vom Augenblick unserer Geburt an, als wir das erste Geschenk – das Geschenk des Lebens – erhielten, sind wir endlos überschüttet worden mit Gaben Gottes: der bestirnte Himmel, die Berge mit ihren in den Wolken verlorenen Gipfeln, die Wälder voller Geschöpfe Gottes, der Ozean mit seiner weiträumigen Gewalt; – Musik, Bücher, Reisen, Freundschaft, Liebe. – Ich bin von Seiner Großzügigkeit so überwältigt, daß ich versuche, soviel zurück zu zahlen als ich nur kann. Ich bin so verschuldet bei meinem Schöpfer, daß ich niemals fähig sein werde, auch nur einen Bruchteil davon zurück zu bezahlen, was Er mir gegeben hat. Aber Er heißt mich niemals irgend etwas zurückbezahlen – und daher versuche ich, jeden Tag wenigstens Etwas zurück zu zahlen. – Doch damit bin ich selbstsüchtig, denn ich weiß: Je mehr ich zurück zu bezahlen versuche, desto mehr wird Er mir geben. Ich versuche, Ihm zu zeigen, wie sehr ich für alle seine wunderbaren Gaben dankbar bin, nur um mehr und mehr von Ihm zu empfangen. Wenn wir die ganze Welt an einem Haar der Gnade Gottes hängen gesehen haben, dann haben wir die Wahrheit gesehen. Von diesem Augenblick an sind all unsere Gedanken und alle unsere Gefühle verwandelt in reine, freudige Dankbarkeit für die unendliche Liebe Gottes. Wenn wir wissen, daß wir nie im Stande sein werden, unsere grenzenlose Schuld zurück zu bezahlen, dann übergeben wir uns gerne dem lebenslangen Versuch, sie abzutragen in einer Extase der Freude und Dankbarkeit. Darum können wir, die wir bedürftig, arm und heimatlos sind, dennoch fröhlich weitergehen und solche Gesänge singen, die von den Sternen gekommen sein könnten. Denn die Sterne, die mit ihren Strahlen über uns kreisen, schauen auf uns hernieder – neidvoll auf uns Kinder Gottes!

Laudato si, Missignore per Sora Luna e le Stelle:
In Celu le hai formate, clarite e pretiose e belle !
Aus dem ‹Sonnengesang› von Franz von Assisi (a.D. 1250)

MEIN UNVERGESSLICHER ERSTER TAG IN ROM

Es geschah mit gemischten Gefühlen, daß ich die geistige Insel verließ, wo ich die letzten acht Jahre meines Lebens verbracht hatte, und daß ich die unbekannten Wege der Welt draußen betrat. Meine Eltern hießen meine Pläne von ganzem Herzen gut: *«Ein wunderbares Abenteuer»*, sagte mein unitaristischer Vater mit einem Funkeln in seinen Augen. – *«Eine großartige geistige Pilgerschaft»*, sagte meine katholische Mutter, mit Ehrfurcht in der Stimme.

Auf die Anregung meines Vaters hin ging ich zuerst nach Paris und Leipzig, und besuchte die besonderen Buchläden, die er mir bezeichnet hatte, um die besten Wörterbücher für Aramäisch und Hebräisch zu bekommen. Seine Worte waren: *«Wegen deinem Griechisch und Latein mache ich mir keine Gedanken; aber ohne gesunde Kenntnisse in Aramäisch und Hebräisch wirst du verloren sein, mein Sohn».*

Etwa zehn Tage später fand ich mich in einem italienischen Zug wieder, einfach angezogen, die Wörterbücher in einem meiner Koffer, meinen Einführungsbrief und den Umschlag mit seinem mageren Inhalt an Italienischen Lira in meiner Tasche. Ich schaute durchs Waggon-Fenster des Zugs auf die Szenen italienischen Landlebens, die in meinen Blick kamen und wieder entschwanden: Bauern, die auf den Feldern arbeiteten, Frauen, die in einem Bach Wäsche wuschen, spielende Kinder, die uns von ferne fröhlich winkten. Es war Samstag, und Gruppen vorwitziger junger Männer bestiegen unseren Wagen, um zu ihrem Fußballspiel in der nächsten Stadt zu reisen. Es waren auch ältliche Männer und Frauen unterwegs, um ihre Kinder zu besuchen, und ganze Familien, die ihre Verwandten besuchen wollten. Italienischer Überschwang füllte unseren Wagen, und ich hatte reichlich Gelegenheit, während der langen Reise mein rudimentäres Italienisch zu üben.

Endlich, am Abend, erreichten wir ‹Die Stadt›. – Meine ersten Erfahrungen waren vom Schicksal nicht sehr begünstigt. Der Bahnhof mit seinem Gedränge von einander stoßenden Menschen, erfüllt vom Rauch der Lokomotiven und gesättigt mit dem Geruch von billigem Wein und fettem Essen, dämpfte bedeutend meine Begeisterung für ‹die Heilige Stadt›. – Nach einigem Suchen fand ich einen Fiaker mit einem schläfrigen Kutscher und einem traurig drein blickenden Pferd. Indem ich meinen begrenzten Wortschatz an Italienisch bestmöglich nutzte, versuchte ich, ihm zu erklären, daß ich ein Student sei und ein günstiges Zimmer für die Nacht benötigte. – *«Ah, ein Student»*, sagte er schläfrig, als ob das Alles erklären würde, und setzte sein noch schläfrigeres Pferd mühsam in Bewegung. Nach einer ziemlich langen Reise durch befremdliche enge Straßen voller Menschen, die vor ihrem Haustor saßen, in Gruppen herumstanden oder herum lungerten und den vorbeigehenden Passanten zuschauten, erreichten wir endlich ein kleines, zweistöckiges Haus mit einem offenen Tor, das zu einem winzigen dunklen Vorhof führte, und wo ein alter Mann, der nach Wein und Tabak stank, uns empfing. – Ich gab dem Kutscher eine halbe Lira, die er gutmütig einsteckte, indem er mit klagender Stimme *«Studenti!»* murmelte, während er wegfuhr. Und da stand ich nun allein mit meinen beiden Koffern – der eine voll mit Wörterbüchern, der andere ebenso voll mit Mandeln. – *«Komm, Student!»*, sagte der alte Mann, indem er mich zu seinem wohl übelsten Zimmer führte. *«Eine Lira!»*, sagte er und streckte seine Hand aus. *«Wenn du länger bleibst, sind es fünf Lira für die Woche. – Buona notte!»*. Und er schlurfte davon.

Der Raum hatte kein Licht; aber das Licht der nächsten Straßenlampe deutete neblig die Anwesenheit eines alten Bettes mit einer Stroh-Matratze an sowie einen alten Stuhl und Tisch auf ziemlich schütteren Beinen. Nachdem ich erfolglos versucht hatte, die Tür zu verschließen, stopfte ich meine beiden Koffer unters Bett, zog mich aus und gelobte, alle Unannehmlichkeiten aus meinem Gemüt zu verbannen und tief zu schlafen. Doch gerade als ich am Eindämmern war, hörte ich das drohende Summen, als Dutzende von Mücken begannen, Sturzflug-Attacken auf mein Gesicht und meine Beine zu starten. Indem ich versuchte, sie abzuwehren, stellte ich mit Entsetzen fest, daß sie nicht meine einzigen Schlafgenossen waren: Große Käfer marschierten an meinem Körper auf und ab, als ob das Bett ihr Eigentum wäre, was es wohl wirklich auch war. Trotz der stickigen Hitze im Zimmer bestand meine einzige Abwehr darin, mich wieder anzuziehen und mich mit einem Taschentuch über dem Gesicht wieder niederzulegen. Dennoch sollte ich noch immer nicht zu meinem gesunden Schlaf kommen: Gerade als ich meinte. die Schnaken und Käfer entmutigt zu haben, wurde ich durch einen Riesenlärm aus dem Hof wieder hellwach. Ein überaus lärmiges Fest ging los; ein tiefer Baß sang Opern-Arien und alle Übrigen fielen ein mit Gläserklirren, Lachen, Rufen und so fort ... Als ich so überflutet von diesem Lärm dalag, wurde mir zu meinem großen Leid klar, daß es Samstag-Abend war und das Fest wohl noch Stunden dauern würde. – Und das tat es auch. Wann immer der Baß verstummte, ertönten begeisterte Rufe: *«Weiter, Giorgio, weiter!»* – und zu meinem Leidwesen fuhr Giorgio fort, im Versuch, mit betäubender Lautstärke wett zu machen, was ihm an Musikalität fehlte. Das Singen im Hintergrund und die Schreie von *«Bravo«»* und: *«Weiter, Giorgio!»* dauerten fort – unendlich wie mir schien – bis endlich die fröhliche Gesellschaft heim ging, als es schon heller Morgen war und ich endlich für eine oder zwei Stunden in Schlaf fiel.

Als ich erwachte, wurde mir unzweifelhaft klar, daß ich so schnell als möglich irgendwo ein ruhiges Zimmer finden mußte. Ich gab höflich den Käfern ihr Bett zurück und sah mich nach Wasser um; aber trotz der Gegenwart eines gesprungenen Waschbeckens gab es im Zimmer keinen Tropfen Wasser. Also nahm ich meine beiden Koffer auf und ging in den Hof, der auch bei Tageslicht kaum besser aussah. Aber da war ein netter junger

Angestellter, der meine Fragen freundlich beantwortete; und als ich ihn fragte, wo ich wohl ein ruhiges Zimmer finden könnte, führte er mich zu einem Tisch auf der anderen Seite des Hofs, wo zwei Männer Schach spielten, während ihr Spiel mit großer Aufregung von einem halben Dutzend Zuschauern verfolgt wurde. Der Junge sagte mir, ich solle das Ende der Partie abwarten; denn die beiden Schachspieler wohnten in einer sehr ruhigen *pensione*, und vielleicht könnten sie mir helfen, eines zu finden. Später erfuhr ich, daß die beiden Schachspieler – einer angestellt bei der Eisenbahn, der andere bei einer Bank – die Schachmeister des Quartiers waren, und daß jedes ihrer Spiele ein Ereignis war. Obgleich ich kein Wort sagte, konnte ich nicht vermeiden, die verschiedenen Züge mit meinem Gesichtsausdruck zu begleiten, und bald bemerkten sie mich und würdigten mich sogar hie und da eines Lächelns. Sie wußten, daß ich ein Schachspieler war, und zwar ein guter – allein wegen des unabsichtlich über mein Gesicht huschenden Mienenspiels. Bald wurde klar, daß einer der beiden Spieler sehr in Verlegenheit geriet, indem seine Stellung auf dem Brett zusammenzufallen begann. Schließlich bat er um Erlaubnis, zur Toilette zu gehen und bat mich, seinen Platz einzunehmen bis er zurückkam. Das tat ich mit Freuden – und er muß sehr an Verstopfung gelitten haben, denn es dauerte mindestens eine halbe Stunde, bevor er wieder kam. Inzwischen versuchte ich, seine Stellung vor der unvermeidlichen Niederlage zu retten. Nach mehreren Zügen, vermochte ich, ohne einen entscheidenden Vorteil zu gewinnen, einen starken Zug zu machen; und da kehrte mein Freund zurück. *«Bravo – bravissimo!»* rief er glücklich aus, als er sah, daß er vom Untergang errettet worden war und lud mich ein, sie zum Mittagessen zu begleiten, und anschließend zu einem großartigen Fußballspiel zwischen Rom und Mailand. Als ich ihnen in meinem stockenden Italienisch erklärte, daß ich ein Student sei und nach einem einfachen, günstigen und ruhigen Zimmer suchte, riefen sie einstimmig aus: *«La Signora!»*. – Ein Sturm aufgeregter Worte folgte, bis ich endlich verstand, daß sie mich zu ihrer *pensione* mitnehmen wollten – aber erst nach dem Fußball-Spiel; und von meiner Ablehnung, sie zu begleiten, wollten sie nichts hören!

So fand ich mich nach dem Mittagessen mit den zwei Schachspielern auf einem schleppenden Fiaker unterwegs zum Fußballfeld wieder, das wir endlich nach langer Fahrt erreichten. Mir war es unangenehm, meine beiden Koffer zu verlassen; aber sie versicherten mir, daß der Kutscher ihr Verwandter sei und ein sehr ehrlicher Mann, der mit seinem Fiaker auf uns warten würde, bis das Fußballspiel zu Ende sei, um uns danach zur Signora zu bringen. Und so kam es, daß ich meinen ersten Tag in Rom bei einem Fußballspiel verbrachte – noch immer weit entfernt von meinem ruhigen Zimmer! Aber es war ein aufregendes Spiel, und die Zeit verging schnell. – Endlich waren wir zurück in unserer Bummel-Kutsche, diskutierten alle Einzelheiten des Spiels, und meine Stimmung wurde immer matter, während wir meinem Gelobten Land näher und näher kamen – meinem ruhigen Zimmer!

Endlich hielten wir vor einem freundlichen kleinen Haus an einer schmalen Seitenstraße (sie war ruhig!). Sie führten mich unverzüglich zu der unterdessen berühmten Signora, die sich als eine ziemlich resolute voluminöse Dame mit freundlichen Augen entpuppte. Meine erste Frage an sie war, wie weit es bis zum Vatikan wäre, und sie versicherte mir, daß ich gut in einer Stunde dahin gehen könne. Das schien vernünftig; aber dann stießen wir auf ein unerwartetes Hindernis: Trotz der warmen Empfehlungen meiner beiden neuen Freunde, die mich unterdessen voll und ganz unter ihren Schutz genommen hatten, hatte die Signora kein Zimmer zu vermieten! Das einzige freie Zimmer in der *pensione* würde in zwei Tagen besetzt werden. Die Schachspieler argumentierten, die Signora argumentierte, ich hörte still zu; und endlich ergab sich eine Patt-Situation: Die Signora war einverstanden, mir das einzige freie Zimmer am Ende des Korridors zu vermieten – aber nur für zwei Tage. Ich war nur zu froh, den Vorschlag anzunehmen, denn unterdessen war ich wirklich reif für einige Stunden Schlaf.

Endlich war das Gelobte Land mein, und innerhalb einer Stunde lag ich schlafen in einem bequemen Bett, in einem einfachen aber sauberen und *ruhigen* kleinen Zimmer …

Und am dritten Tag nahm ich meinen Einführungsbrief und machte mich auf zum Vatikan …

Edmuond Bordeaux Székély im Jahr 1936

DIE GEHEIMARCHIVE DES VATIKANS

Ich erinnere mich gut ans erste Mal an dem ich der Straße mit den Bogengängen folgte, am Haus des *Osservatore Romano* vorbei, zum Hof des Belvedere – dem Sitz der Archive, direkt neben der vatikanischen Bibliothek.

Als ich das Labyrinth der Archive betrat, vergaß ich vollkommen das Leben der Stadt draußen, denn das war wirklich eine Welt für sich. Ich fühlte mich sehr jung und verloren, als ich die endlosen Korridore, gewölbten Bogengänge und geheimnisvollen Türen betrachtete, die alle zu weiteren endlosen Korridoren führten. Und überall entlang der Regale, die dämmrig über meine Sicht hinaus reichten, gab es zahllose Stapel von Schriftrollen, Codices, alten Manuskripten und fliegenden Blättern.

Wie durch ein Wunder fand ich irgendwie den Weg zum äußeren Büro von Monsignore Angelo Mercati, dem Präfekten der Archive, und Jugendfreund meines Klassenlehrers Msgr. Mondik. An ihn war mein Einführungsbrief gerichtet, und ich hielt ihn wie einen Talisman, als ich an weiteren Soldaten der Schweizergarde vorbei ging, die in ehrfurchtheischendem Glanz an der Tür standen, Mein Brief mußte sie befriedigt haben, denn sie ließen mich passieren (aber sie unterließen es nie, mich nach meinem Passierschein zu fragen, bevor sie mich die Treppe zu den Archiven hinuntersteigen ließen, obgleich ich bald bekannt genug war). Im äußeren Büro war der Sekretär freundlich und geduldig mit mir, machte mir aber deutlich, daß nicht Irgendwer Msgr. Mercati stören durfte; doch wenn ich ihm meinen Brief überlassen wolle, so würde er ihn zum geeigneten Zeitpunkt dem Präfekten übergeben. Ich solle morgen um dieselbe Zeit wiederkommen. Das war wirklich ein Schlag: Größer noch als meine Enttäuschung, Msgr. Mercati nicht zu treffen, war mein Widerwille, meinen kostbaren Brief aus der Hand zu geben. Aber ich war entschlossen, meinem Gehorsams-Gelöbnis treu zu sein; also gab ich ihm den Brief und ging wieder, wobei ich die wimmelnde, lärmige Stadt als schlagenden Kontrast zum feierlichen Frieden jener alt-ehrwürdigen Mauern empfand.

Wie ich jenen Tag verbrachte, weiß ich nicht mehr, Ich erinnere mich nur, daß es mich große Selbstüberwindung kostete, meine Ängste zu überwinden: Sollte ich denn nun doch nicht als Student zugelassen werden? Hatte ich unwissentlich jemanden beleidigt? Meine ängstlichen Gedanken beruhigten sich, als ich die Majestät und den Frieden der Vatikans-Stadt wieder betrat. Diesmal fand ich mühelos den Weg zu Msgr. Mercati's Büro, und diesmal wurde mir erlaubt, einen inneren Raum zu betreten. Ich fand mich in einem warmen, gemütlichen Studierzimmer voller Bücher an den Wänden und einem riesigen altertümlichen Schreibtisch, hinter dem eine der unvergesslichsten Figuren saß, die je in mein Leben getreten sind.

Dies war der berühmte Msgr. Angelo Mercati, Präfekt der Vatikanischen Archive, und Autor von über einem Dutzend Büchern über philosophische und theologische Themen, wobei er eine anerkannte Autorität in patristischer und scholastischer Literatur sowie in Dingen betreffend die ersten zwei Jahrhunderte der Kirchengeschichte war. Die Titel einiger seiner Werke weisen hin auf seine vielseitigen Interessen: *‹Petrus der Sünder›*, *‹Die Privatbibliotheken der Päpste›*, *‹Alte Kunst›*, *‹Monte Cassino›*, *‹Michelangelo›*, *‹Copernicus›* – und so fort. Später sollte ich auch entdecken, daß er ein unglaubliches, beinah übermenschliches Gedächtnis hatte, das die ganzen 40 km der langen Regale des Archivs umfaßte. Doch in jenem Augenblick war alles was ich sehen und verstehen konnte, die durchdringende Wärme seiner Augen, den Ausdruck reiner Güte vermischt mit tiefer Weisheit. Ich war wortlos, als er mir bedeutete, mich zu setzen.

«Ich habe deine Doktorarbeit gelesen, mein Sohn», sagte er. *«Kannst du mir sagen, warum du hier bist, und was du hier suchst?»*

Ich erzählte ihm so einfach ich konnte von meiner Liebe zu Franziskus, und daß ich wissen wollte, was er gewußt hatte; daß ich die Quelle dieses äußerst originellen Denkers entdecken wollte ... – kurz: ich eröffnete ihm mein Herz und offenbarte ihm Vieles, was ich nie zuvor Jemandem gesagt hatte.

Lange Zeit saß er still; dann sagte er ruhig: *«Franziskus ist der Ozean. Du mußt den Strom finden, der diesen nährt, so wie er es getan. Dann mußt du nach dem Fluß suchen. Und dann, wenn deine Füße fest auf dem Pfad stehen, wirst du nach der Quelle suchen.»* – Ich wollte ihn nach der Bedeutung seiner Worte fragen, aber sein Blick hielt mich auf. *«Geh mit Gott, mein Sohn»*, murmelte er, und das war zugleich ein Segen und eine Entlassung.

Nun ich als Student zugelassen war, wurde die Welt der Archive meine Welt, und sogar während meines langen Rückwegs zu meinem Dach-Unterschlupf bei der Signora sah ich vor meinem geistigen Auge Dutzende von Abteilen in jenen endlosen Hallen und Korridoren – das *Archvum Arcis*, die *Miscellanea*, die *Instrumenta*, die *Miscellanea Fondi*, den Katalograum, wo die Studenten zappelten, um sich in den über 600 handgeschriebenen Verzeichnissen zurecht zu finden, die doch jämmerlich unvollständig waren.

Aber die Aufseher und Mitarbeiter des Archivs waren freundlich und gaben den Studenten hilfsbereit Anleitung, vorallem im Katalograum. Danach war es an den Studenten selber, ihre eigenen Forschungen fortzusetzen. Und ich fühlte mich etwa wie ein kleiner Junge, der an einem unermeßlichen Meeresstrand steht und versucht, einzelne Kieselsteine aufzulesen. – Anfangs wußte ich nicht, wo ich beginnen sollte; denn während die vatikanische Bibliothek vorallem eine Sammlung einzelner Bücher ist, umfassen die vatikanischen Geheimarchive mehr als 40 km von Bücherregalen mit Schriftrollen, Pergamenten, Papier-Manuskripten und Codices. Vieles in den Geheimarchiven ist noch immer *terra incognita*. In einem quadratischen, staubbedeckten Raum lagen über 10‘000 Packen nie durchgesehener Dokumente!

Meine Studenten-Kameraden kamen aus beinah allen Ländern der Welt, und wir teilten eine brüderliche Atmosphäre von Liebe, Hingabe und Eifer. Einige waren Studenten wie ich selbst; andere waren fremde Priester. Weitere waren Offizielle mit unbekannter Mission; aber wir aßen alle unser Mittagessen in einem Geist der Brüderlichkeit in einem offenen Innenhof, umgeben von Bäumen, Blumen und dem Duft von Hunderten von Orangenblüten. Und während ich und meine Studenten-Kollegen unsere mageren Portionen von Käse, Brot und Früchten verzehrten, erzählten wir einander unsere spirituellen Erfahrungen bei der Suche in unserem Mikrokosmos.

Während einiger Zeit vertiefte ich mich in lateinische und griechische Dokumente, indem ich meine Leichtigkeit in diesen Sprachen dazu nutzte, einzutauchen in Alles was über Franziskus bekannt war. In den späten Morgenstunden machte – stets unter großer Aufregung unter den Studenten – Msgr. Mercati seine gewohnte Runde im Studierraum und beantwortete aufmerksam jede Frage, die ihm gestellt wurde. Er hatte meine Anstrengungen während einiger Zeit beobachtet; und eines Tags, während er seine Runde machte, sagte er zu mir: *«Denk daran, mein Sohn: der lateinische Ozean wird genährt vom griechischen Strom, der vom aramäischen Fluß gespeist wird, der aus der hebräischen Quelle entspringt.»* – Und damit gab er mir einen Aramäisch-Hebräisch-Führer an die Seite – einen französischen Mönch, mit dem ich mich bald innig anfreundete.

Meine Arbeit machte Fortschritte. Meine Suche begann, Form anzunehmen, und die rätselhaften Worte meines spirituellen Mentors begannen, eine Bedeutung zu haben. Ich begann, mit neuem Interesse eine stets geschlossene Tür am Ende des unteren Korridors wahrzunehmen, der vom Büro von Msgr Mercati kam, und zu welchem allein der Präfekt den Schlüssel hatte. Ich nahm auch meinen Mut zusammen, um eine mysteriöse Wendeltreppe hinunter zu gehen, die zum ältesten Teil der Geheimarchive führte, wo die wertvollsten und ältesten Dokumente aufbewahrt wurden. Das war auch der Zeitpunkt, an dem ich begann, die 15 riesigen Schränke der *Miscellanea* zu untersuchen. Plötzlich wußte ich, daß ich auf der rechten Spur war; und ich wußte auch, was mein nächster Schritt sein mußte.

Als ich mich Msgr. Mercati näherte, um seine Erlaubnis zu erhalten, in die Archive des Benediktinerklosters von Monte Cassino zu gehen, sah ich ein unmißverständliches Funkeln in seinen Augen, indem er mir von seinem Schreibtisch einen Empfehlungs-Brief an den Abt übergab, der das Datum vom Vortag trug. Er genoß meine Verblüffung: *«Geh mit Gott, mein Sohn. Ich glaube, du hast den Strom gefunden.»*

Viele Wochen verbrachte ich in diesem ältesten aller westlichen Klöster, das in seinem langen Leben alles erlebt hat: Von der sarazenischen Invasion zu Feuersbrunst und Erdbeben (und 20 Jahre später die Klauen der Schweren Artillerie der deutschen Armee); – und jede seiner Zerstörungen wurde gefolgt von einer ruhmreichen Wiedergeburt: stärker und schöner als zuvor. Ich fühlte die majestätische Größe der Aufgabe die Benedikt seinen Mönchen gestellt hatte: das Beste aus Literatur und Musik zu sammeln, zu kopieren und zu beschützen, was die Menschheit hervorgebracht, damit, wenn das finstere Zeitalter vorüber sein würde, er wiederum seine Vergangenheit und seine Ursprünge finden könne.

Das war aber nicht alles was ich auf Monte Cassino fühlte und lernte. Als ich die Mönche sah wie sie durch den Hain schritten und im Garten arbeiteten; wie sie bei ihrer gemeinsamen Mahlzeit ihr Brot und ihre Früchte aßen; wie sie in ihren kleinen Einzelzellen meditierten, Morgens und Abends die Glorie Gottes besangen, da mußte ich an Josephus' wunderschöne Beschreibung des Lebens in der Essener-Bruderschaft am Toten Meer denken. Und in den Archiven von Monte Cassino machte ich die Bekanntschaft des sanften Hl. Benedikt, der einen alten Traum zu einer Wirklichkeit machte, die zu einem Bollwerk der westlichen Welt wurde.

Ich kehrte zu Msgr. Mercati zurück. Schweigend schaute er mich an mit seinem durchdringenden Blick: *«Hast du den Fluß auch gefunden, mein Sohn?»* – *«Noch nicht, Vater»*, antwortete ich –*«aber ich werde ihn finden!»*

Nochmals fixierte er mich mit einem weiteren prüfenden Blick, nickte dann langsam mit dem Kopfe und nach einer langen Pause sagte er: *«Ja – du wirst ihn finden»* – und er händigte mir einen Schlüssel aus, von dem ich wußte, daß es der zum verschlossenen Raum am Ende des Korridors war. *«Den mußt du unbedingt in meine eigenen Hände zurückgeben»*, sagte er. – *«Und viel Glück, mein Sohn!»*

Ich betrat den geheimen Raum so wie ein Initiat die heilige Kammer der Großen Pyramide betreten haben muß – und diesmal nahm ich meinen Aramäisch-Führer nicht mit. Ich grub mich durch die staubigen Handschriften, als ob ich einen Plan hätte, der mir den Weg zeigte; und über ein Kleines hatte ich gefunden, was ich gesucht hatte.

Wenige Tage später gab ich den Schlüssel wieder an Msgr. Mercati zurück und bat um die Erlaubnis, nach Monte Cassino zurückzukehren. Er schaute in mein Gesicht und lächelte: *«Es freut mich, daß du den Fluß gefunden hast, mein Sohn»*, sagte er – *«nun hoffe ich, du wirst auch die Quelle finden»*. – Und wieder übergab er mir einen Brief mit dem Datum des Vortags, worin er den Abt bat, mich die großen Glaskästen im Scriptorium benutzen zu lassen.

Ich tauchte in die Archive von Monte Cassino ein wie ein Fisch, der ins Wasser zurückkehrt. Der Strom des Hl. Benedikt trug mich; der Fluß des Hl. Hieronymus, den ich im kostbaren Repositorium des verschlossenen Raums gefunden hatte, drängte mich vorwärts, und ich beugte mich über unbereinigte Ausgaben von Josephus, Philo und Plinius nebst vielen weiteren lateinischen Klassikern. Wieder blätterte ich in wunderschönen Handschriften von Hieronymus. Viele dieser unschätzbaren Werke waren seit Langem für verloren gehalten worden, und ich las und las mich durch eine Schatzkammer von unglaublichem Reichtum. Ich erfuhr, daß andere Kopien dieser Werke in anderen Benediktiner-Klöstern überlebten, wie z.B. in der Bibliothek von San Salvatore, wo eine sehr schöne Kopie während Jahrhunderten verblieb, bis sie bei der Zerstörung der Abtei die Biblioteca Laurenziana in Florenz erreichte, wo sie heute den Namen *das Amiatinische Evangelium* trägt.

Das ursprüngliche Manuskript von Hieronymus, das man seit dem 5. Jh. für verloren hielt, überlebte zum Glück in der Bibliothek von Monte Cassino und in den Geheimarchiven des Vatikans. Und unter diesen Manuskripten war der vollständige Text des essenischen Evangeliums des Friedens.

Ich hatte die Quelle gefunden: Hebräische Fragmente des Evangeliums der Essener, dessen aramäische Version ich eben erst vor den Regalen von Msgr Mercati's verschlossenen Raum in Händen gehalten und gelesen hatte. Nun kannte ich den Ursprung des inneren Lichts, das aus jenem geliebten Antlitz leuchtete, und ich erkannte in einem Blitz der Wahrnehmung das heldenhafte Maß seines Stillschweigens. – Sollte nun auch ich schweigen?

Ich kehrte zurück in den Vatikan und ging sofort zum Büro von Msgr. Mercati, jenem mit Büchern gefüllten Studierzimmer, das ich so lieb gewonnen hatte. Als er aufschaute, sah ich etwas Neues in seinem Gesichtsausdruck: In den mir so bekannten Blick weisen Mitgefühls mischte sich ein undefinierbarer Glanz … – beinah des Mitleidens … – von etwas, was er noch mit keinem Menschen zuvor geteilt hatte:

«Du hast Es gefunden, mein Sohn», sagte er ruhig. – *«Woher wissen Sie es?»*, fragte ich. – *«Weil, mein Sohn,* sagte er mit einem Blinzeln, *du diesen Blick hast».*

Und wieder huschte jener merkwürdige Ausdruck über sein Gesicht. Ich sah darin gespiegelt alle Weisheit und alles Mitgefühl aller Jahrhunderte, gemischt mit zartem Humor und dem gemeinsamen Wissen um ein unaussprechliches, kostbares Geheimnis. – Mir kamen plötzlich die Tränen: *«Was muß ich tun, Vater?»*, fragte ich. – Er brauchte nicht zu fragen was ich damit meinte. – *«Laß Franziskus singen in deinem Herzen!»*, flüsterte er. –

Ich kniete nieder und küßte seine Hand. Und er sagte nur ein Wort: das kürzeste lateinische Wort mit einem Buchstaben: *«I.»* – *«Geh»*. – Und ich ging und sah ihn niemals wieder.[11]

EPILOG

Nach mehr als einem halben Jahrhundert verblassen gewisse Erinnerungen und verlieren an Gewicht, während andere, im Augenblick ihres Geschehens kleine Vorkommnisse in rückblickender Sicht größere Bedeutung erlangen. Schlußendlich ist es nicht die große Entdeckung oder das dramatische Abenteuer, was mir einfällt, wenn ich an Msgr. Mercati zurückdenke, sondern es sind die leuchtenden Augen geistiger Schönheit, der unbefleckte Adel seiner Seele, wobei ich besonders an zwei Episoden denke:

Eines Nachmittags, nicht lange nachdem ich meine Studien im Vatikan aufgenommen hatte, ging ich in sein Büro, um ihm eine Frage zu stellen. Ich öffnete seine Tür ein Spältchen weit, nachdem ich angeklopft und keine Antwort bekommen hatte. Er saß an seinem Schreibpult, tief in Meditation versunken, seine Hände zum Gebet gefaltet. Durch das bunte Glasfenster fielen die Farben des Sonnenuntergangs auf sein Haupt. Ich blieb stehen, gerade als der Sekretär mich aufhalten wollte: *«Bitte stören Sie ihn nicht; er betet für die Seelen von Galileo und Giordano Bruno».* – Ich war baff von seinen Worten und ging ruhig hinaus, um sie zu verdauen. Obgleich ich jung war, war mir klar, wie selten ein Mann sei, der die Wahrheit sogar höher verehrt als die heiligen Gelübde, die ihn an seine Kirche binden.

Die andere unvergessliche Episode begab sich Ende September: Ich war in meiner Dach-Unterkunft, saß auf einer Holzkiste, die mir als Tisch diente und war gerade dabei, mein Abendessen zu beginnen. Es bestand aus einer Scheibe schwarzen Bauernbrots, einem kleinen Stück Ziegenkäse, das ich im winzigen Laden in der Nachbarschaft gekauft hatte sowie aus meinem geliebtesten Besitz: zwei von der Signora erhaltene wunderschöne Pfirsiche, die sie von ihrem Bruder in Mailand bekommen hatte.

Ich war an alle möglichen überlauten Geräusche von unterhalb gewöhnt; aber diesmal erreichte der Lärm den Fieber-Pegel, und ich stand von meiner Holzkiste auf, um nachzusehen. Plötzlich sah ich die hohe, schlanke Gestalt von Msgr. Mercati von der Treppe auftauchen. Ich konnte meinen Augen kaum glauben, aber er war es wirklich: der weltbekannte Präfekt der Vatikanischen Archive, der zu mir aufs Dach kletterte, gefolgt von der Gesamtheit der übrigen Hausbewohner – alle in großer Aufregung. Ich habe keine Ahnung, was für Worte ich ausstieß, um ihn aufzufordern, auf meiner alten Kiste Platz zu nehmen; aber an was ich mich erinnere, ist, daß ich ihm meine zwei Pfirsiche anbot. Selbstverständlich kam die Signora nach einer Minute mit einer ganzen Schüssel voller schöner Pfirsiche an, die sie dem «Fürsten der Kirche» anbot, während sie ihrem Sohn zurief, er solle einen Stuhl bringen. Er aber setzte sich gutmütig auf die Holzkiste und sagte sanft zu ihr: «Nein, meine Freundin, ich bin kein Fürst, sondern nur ein einfacher Bibliothekar – und bitte bemühen Sie sich nicht, mir einen Stuhl zu bringen. *Ich bin nur gekommen, um mit meinem Studenten zu plaudern.».* Mit ungewöhnlicher Feinfühligkeit verstanden sie die diskrete Andeutung und zogen sich unlustig nach drunten zurück.

«Du hast eine schöne Aussicht hier», lächelte er, während er meinen improvisierten Unterschlupf betrachtete. *«Aber in einigen Wochen wird der Nordwind zu blasen beginnen, und du wirst frieren».* Während er einen der zwei Pfirsiche aufaß, zog er einen Umschlag aus seiner Tasche.

«Msgr. Mondik, mein teurer Freund, sendet dir diese bescheidene Gabe». Ich öffnete den Umschlag und fand 100 Lira darin. – «Und – so fuhr er fort – du wirst auch dies benötigen: *meine bescheidene Gabe».* Weitere hundert Lira erschienen in seiner Hand. *«Damit wirst du in der Lage sein, deinen Unterstand so auszurüsten, daß du der Kälte widerstehen kannst».*

Mein Gesicht muß meine innere Bewegung gespiegelt haben, denn er legte seine Hand freundlich auf meine Schulter und sagte: *«Mach dir nichts draus, mein Sohn, du wirst dein Armutsgelübde dennoch einhalten. Du wirst nur etwas besser essen, und die Bise wird dich nicht vom Dach fegen».*

Ich begann, ihm zu danken, aber er hielt mich auf mit einem Segen, indem er die fromme Geste seiner Hand mit einem fröhlichen Zwinkern begleitete. – Und damit war er weg, so überraschend und leise wie er gekommen war. Die von ehrfürchtigem Schrecken erfüllten Bewohner des Hauses sahen aus allen Fenstern, bis er um die Ecke bog und verschwand.

Dieser Buchschmuck aus einer alten Lutherbibel zeigt einige kuriose Details: Daß Schreibstube und Schreiber in ihrer Ausstattung deutlich aus dem frühen Barock stammen, ist fast selbstverständlich; – daß der Evangelist in Purpur gekleidet wird, schon etwas weniger. – Daß die ganze Darstellung gekrönt wird von einem Totenkopf, ist bereits etwas befremdlich; – aber ganz besonders eigenartig ist der ‹Engel›, der als Personifikation des Heiligen Geistes dargestellt, diktierend ins Bild eingreift, indem er dem Schreiber mit der Rechten das Tintenfaß hält, mit der auf Jenes Stirn gerichteten Linken aber eine deutliche Ermahnung ausdrückt: *«Mit dieser Tinte sollst du schreiben!»* — Ganz einzigartig aber ist, daß er (nur schlecht getarnt durch barocke Rand-Elemente) außer mit schwarzen kleinen Teufelsflügeln auch noch mit einem schwarzen Schwanz mit Quaste dargestellt wurde! – Eine kühne, aber nicht direkt beweisbare Ketzerei als sehr frühe klare Aussage: *«Die hier abgedruckten Evangelien sind verfälscht!»* (vgl- Zitat Hieronymus, S. 31) …

Das essenische Evangelium des Friedens

Die Geister von Wahrheit und Falschheit
kämpfen im Herzen der Menschen:
Wahrheit entsprungen aus dem Quell des Lichts,
Falschheit aus dem Quell der Finsternis.
Und so wie ein Mensch Wahrheit ererbt,
wird er die Finsternis meiden.

(aus dem essenischen Handbuch der Disziplin
in den Schriftrollen vom Toten Meer)

VORWORT VON EDMOND BORDEAUX-SZEKÉLY[12]

Beinah 2000 Jahre sind vergangen, seit der Sohn des Menschen der Menschheit den Weg, die Wahrheit und das Leben wies. Er brachte den Kranken Gesundheit, den Unwissenden Weisheit, und Glück den Elenden. Er eroberte die halbe Menschheit und die gesamte Zivilisation des Westens. Diese Tatsache beweist die ewige Lebendigkeit von des Meisters Worten sowie deren sublimen, unvergleichlichen Wert.

Der Inhalt dieses Buchs stellt nur etwa einen Drittel der essenischen Manuskripte dar, die in den Geheimarchiven des Vatikans in Aramäisch bzw. in den königlichen Archiven der Habsburger (derzeit Eigentum der österreichischen Regierung) in Alt-Slavonisch versammelt sind.

Die Existenz dieser beiden Versionen verdanken wir den Nestorianischen Priestern. die unter dem Druck der vorrückenden Horden des Jingis-Khan gezwungen waren, von Osten nach Westen zu fliehen, indem sie alle ihre alten Schriften und Ikonen mit sich führten. Der alte Aramäische Text stammt aus dem 3. Jh. n.Chr., während die alt-slavonische Version eine buchstäbliche Übersetzung der Ersteren darstellt. Wie genau diese Texte von Palästina ins Innere Asiens und in die Hände der Nestorianischen Priester wanderten, konnten die Archäologen bisher noch nicht für uns nachvollziehen.

Wir haben diesem Text nichts hinzuzufügen: er spricht für sich selbst. Jeder Leser, der die nachfolgenden Seiten aufmerksam studiert, wird die ewige Lebendigkeit und kraftvolle Offensichtlichkeit dieser tiefen Wahrheiten fühlen, welche die Menschheit heute dringender nötig hat denn je zuvor.

«Und die Wahrheit wird sich selbst zum Zeugen dienen».

London, 1937 — Edmond Bordeaux-Szekély

VORWORT ZUR GOLDENEN JUBILÄUMS-AUSGABE (1978)

Wir geben dieses alte Vorwort wieder, weil die Menschheit gerade jetzt an einem ganz kritischen Punkt ihrer geistigen Entwicklung steht – «Alles oder Nichts!» – sowie dieselben gesellschaftlichen Umstände zu beklagen hat wie vor gerade 40 Jahren zur Zeit dieses Vorworts. (Anm. d. Hrsg.)

Fünfzig Jahre sind vergangen, seit die erste Ausgabe von Buch I zum Essenischen Evangeliums des Friedens erschien und die *International Biogenic Society* gegründet wurde. gewidmet der allseitigen Anwendung der zeitlosen essenischen Lehren in unserem täglichen Lebens des zwanzigsten Jahrhunderts. In der Zwischenzeit hat die Welt einen zerstörerischen Weltkrieg erlitten und steht – einmal mehr – scheinbar unüberwindlichen Problemen der planetaren Verschmutzung, der Nahrungs- und Energie-Knappheit sowie zunehmenden Spannungen zwischen politischen Philosophien gegenüber. – Und noch immer fahren diese zeitlosen Worte von Jesus fort, ihren Samen des Friedens und der Liebe in eine bekümmerte Welt zu säen. Mehr als zehn Millionen Leser haben die Botschaft des Essenischen Evangeliums seit seinem ersten Erscheinen im Druck, 1928, aufgenommen, und ihre Zahl wächst täglich. Victor Hugo sagte: *«Es gibt keine größere Kraft in der ganzen Welt als eine Idee, deren Zeit reif ist!»*. –

Vielleicht ist die Zeit für die einfache Kraft der Essenischen Philosophie endlich reif geworden. – Vielleicht ist es noch nicht zu spät für die transformierende Kraft dieser Worte von Jesus in ihrer ursprünglichen Reinheit und Einfachheit, um ihre Magie zu bewirken in einer Welt, die sie heute mehr denn je nötig hat.

Edmond Bordeaux Szekély

*

Der Text des Essenischen Evangeliums des Friedens

… Und die vielen Kranken und Verstümmelten kamen zu Jesus und fragten ihn: «Wenn Du alle Dinge weißt, dann sage uns doch: warum leiden wir an diesen schrecklichen Seuchen? Warum sind wir nicht heil wie andere Menschen? Meister, heile uns, damit auch wir stark werden und nicht mehr in unserem Elend verbleiben müssen. Wir wissen, daß es in Deiner Kraft steht, alle Arten von Krankheiten zu heilen. Befreie uns von Satan und von allen seinen Heimsuchungen!-. Meister, habe doch Mitleid mit uns!

Und Jesus antwortete: «Selig seid ihr, da ihr nach der Wahrheit hungert, denn ich werde euch sättigen mit dem Brot der Weisheit. Selig seid ihr, daß ihr die Macht von Satan abwerfen wollt, denn ich werde euch ins Königreich der Engel unserer Mutter führen, das Satan nicht betreten kann».

Und sie fragten ihn voll Verblüffung: «Wer ist unsere Mutter – und welches sind ihre Engel? – Und wo ist ihr Königreich?»

«Eure Mutter ist in euch, und ihr in ihr. Sie trug euch in ihrem Bauche; sie gibt euch Leben. Sie war es, die euch euren Leib gab, und ihr werdet ihn ihr eines Tages wieder zurückgeben. Selig seid ihr, wenn ihr dazu kommt, sie und ihr Reich zu kennen. Wenn ihr die Engel eurer Mutter aufnehmt, und wenn ihr ihre Gesetze erfüllt, so sage ich euch in Wahrheit: Wer diese Dinge tut, wird niemals eine Krankheit sehen. Denn die Macht unserer Mutter ist über Allem. Und sie vernichtet Satan und sein Reich und regiert über alle eure Leiber und alle lebenden Dinge.

«Das Blut, das in uns fließt, ist geboren aus dem Blut unserer Mutter Erde: Ihr Blut fällt aus den Wolken, springt auf aus ihrem Erden-Schoß, murmelt in den Bergbächen, fließt breit in den Flüssen der Ebenen, schläft in den Seen, wütet mächtig in stürmischen Meeren.

«Die Luft, die wir atmen, ist geboren aus dem Atem unserer Mutter Erde. Ihr Atem ist azurblau in den Höhen der Himmel, rauscht um die Gipfel der Berge, flüstert in den Blättern der Wälder, wogt über die Kornfelder, schlummert in den tiefen Tälern, brennt heiß in der Wüste.

«Die Härte unserer Knochen ist geboren aus den Knochen unserer Mutter Erde, aus Felsen und Steinen: Nackt stehen die auf den Berggipfeln, ragen auf gen Himmel, sind wie Riesen, die schlafend liegen auf den Flanken der Berge; – wie in die Wüste gestellte Götzenbilder sind sie, und verborgen in der Tiefe der Erde.

«Die Zartheit unseres Fleisches ist geboren aus dem Fleisch unserer Mutter Erde, deren Fleisch gelb und rot wächst in den Früchten der Bäume und uns ernährt in den Furchen der Felder. – Unsere Eingeweide sind geboren aus den Eingeweiden unserer Mutter Erde und sind unseren Augen verborgen wie die unsichtbaren Tiefen der Erde.

«Das Licht unserer Augen, das Hören unserer Ohren sind beide geboren aus den Farben und den Tönen unserer Mutter Erde, die uns um und um umfassen wie die Wellen des Meers einen Fisch; – wie die wirbelnde Luft einen Vogel.

«Ich sage euch in voller Wahrheit: Der Mensch ist der Sohn der Mutter Erde, und von ihr empfing der Sohn des Menschen seinen ganzen Leib, ebenso wie der Leib eines neugeborenen Säuglings geboren wird aus dem Schoß seiner Mutter. Ich sage euch in Wahrheit: Ihr seid Eins mit der Mutter Erde; sie ist in euch und ihr seid in ihr. Aus ihr wurdet ihr geboren, in ihr habt ihr Leben, und zu ihr werdet ihr wieder zurückkehren. Deshalb: haltet ihre Gesetze; denn niemand kann lange leben, noch glücklich sein, außer wer seine Mutter Erde ehrt und ihre Gesetze tut. Denn euer Atem ist ihr Atem, euer Blut ist ihr Blut, eure Knochen sind ihre Knochen; euer Fleisch: ihr Fleisch, eure Eingeweide: ihre Eingeweide, eure Augen und Ohren sind ihre Augen und ihre Ohren.

«Ich sage euch in Wahrheit: Solltet ihr beim Halten auch nur eines all dieser Gesetze fehlen; – solltet ihr auch nur einem all der Glieder eures Körpers Unrecht tun, so werdet ihr völlig verloren sein in eurer kummervollen Krankheit, und es wird dort Weinen sein und Zähneknirschen. – Ich sage euch: So ihr nicht die Gesetze eurer Mutter Erde befolgt, könnt ihr auf keine Weise dem Tod entkommen. Und er, der sich fest an die Gesetze seiner Mutter hält, an den wird seine Mutter sich auch fest halten. Sie wird alle seine Plagen heilen, und er wird nie krank werden, Sie gibt ihm langes Leben und beschützt ihn gegen alle Heimsuchungen: vor Feuer, vor Wasser, vor dem Biß giftiger Schlangen. Denn die Mutter [die] euch gebar, erhält das Leben in euch. Sie gab euch ihren Leib, und Niemand außer ihr heilt euch. – Selig, wer seine Mutter liebt und ruhig an ihrem Busen liegt. Denn eure Mutter liebt euch, sogar wenn ihr euch von ihr abwendet. Und um wieviel mehr wird sie euch lieben, wenn ihr euch wieder zuwendet? Ich sage euch in Wahrheit: Sehr groß ist ihre Liebe – größer als der größte aller Berge, tiefer als die tiefste See. Und Jene, die ihre Mutter lieben, die läßt sie nie im Stich. Wie eine Henne ihre Küchlein beschützt, wie die Löwin ihre Jungen, wie eine Mutter ihr neugeborenes Kindchen, so beschützt die Mutter Erde den Menschensohn vor jeder Gefahr und vor jedem Übel.

«Denn ich sage euch in Wahrheit: Unzähligen Übel und Gefahren liegen auf der Lauer gegen die Menschensöhne. Beelzebuh, der Fürst aller Teufel, die Quelle allen Übels, liegt in den Leibern aller Menschensöhne auf der Lauer. Er ist Tod, der Herr jeglicher Plage, und indem er ein gefälliges Gewand anzieht, versucht und verlockt er die Menschensöhne. – Reichtümer verspricht er und Macht, und prächtige Paläste und Gewänder und Gold und Silber, und eine Menge Diener – all dies. – Er verspricht Ruhm und Ehre, Beischlaf und Lüste, Fressereien und Weintrunk, aufrührerisches Leben, Faulheit und müßige Tage. Und er verlockt einen Jeden von ihnen mit dem, wozu ihr Herz am meisten drängt. Und an dem Tage, an dem die Menschensöhne bereits die Sklaven all dieser Eitelkeiten und Abscheulichkeiten geworden sind, dann – als Bezahlung dafür – schnappt er den Menschensöhnen all jene Dinge weg, welche die Erdenmutter ihnen so überreichlich geschenkt hat. Er nimmt von ihnen ihren Atem, ihr Blut und ihre Knochen, ihr Fleisch, ihre Eingeweide, ihre Augen und ihre Ohren. Und der Atem der Menschensöhne wird kurz und keuchend, voller Schmerz und üblen Geruchs, wie der Atem unreiner Tiere. Und ihr Blut wird dick und stinkend, wie die Wasser der Sümpfe: es verklumpt und wird schwarz, wie die Nacht des Todes. Und ihr Knochen wird hart und knotig; er verschmilzt von innen her und bricht auseinander, wie ein Stein, der auf einen Felsen fällt. Und ihr Fleisch wird fett und wäßrig, es fault und modert mit Schorf und Beulen, die eine Abscheulichkeit sind. Und ihre Eingeweide werden voll scheußlichen Drecks, mit kriechenden Strömen des Zerfalls; und unzählige grausige Würmer haben dort ihren Wohnsitz. Und ihre Augen werden trüb, bis dunkle Nacht sie umhüllt, und ihre Ohren werden verstopft, wie das Schweigen des Grabs. Und zuletzt wird der Menschensohn das Leben verlieren. Denn er hielt nicht die Gesetze seiner Mutter und häufte Sünde auf Sünde. Und daher werden alle Gaben von Mutter Erde von ihm genommen: Atem, Blut, Knochen, Fleisch, Eingeweide, Augen und Ohren, und nach all diesen: das Leben, womit die Erdenmutter seinen Leib gekrönt hatte.

«Wenn aber der Menschensohn seine Sünden bereuen und sie weg tun sollte und zurückkehren sollte zu seiner Erdenmutter, und wenn er dann die Gesetze seiner Erdenmutter tun und sich von Satans Umklammerung befreien und seinen Versuchungen widerstehen sollte, dann würde Mutter Erde ihren verirrten Sohn wieder annehmen in Liebe und ihm ihre Engel senden, damit sie ihm dienen mögen. – Ich sage euch in Wahrheit: Wenn der Menschensohn dem Satan widersteht, der in ihm wohnt, und seinen Willen nicht tut – im selben Augenblick werden die Engel der Mutter dort gefunden werden, damit sie ihm dienen können mit all ihrer Kraft, und den Menschensohn völlig aus der Macht Satans befreien.

«Denn kein Mensch kann zweien Herren dienen. Denn entweder er dient Belzebuh und seinen Teufeln, oder aber er dient seiner Erdenmutter und ihren Engeln. Entweder er dient dem Tod, oder er dient dem Leben. Ich sage euch wahrlich: Selig sind all Jene, die die Gesetze des Lebens tun und nicht auf den Pfaden des Todes wandeln. Denn in diesen wachsen die Kräfte des Lebens zu großer Stärke, und sie entkommen den Plagen des Todes»

Und Alle um ihn her lauschten seinen Worten mit großer Verwunderung, denn sein Wort hatte Kraft, und er lehrte ganz anders als die Priester und Schriftgelehrten. – Und obschon die Sonne nun untergegangen war, kehrten sie nicht in ihre Wohnstätten zurück. Sie saßen rings um Jesus und fragten ihn: «Meister, welches sind jene Gesetze des Lebens? Bleib noch eine Weile länger bei uns und lehre uns. Wir möchten deinen Lehren zuhören, damit wir geheilt werden können und Gerechte werden.»

Und Jesus setzte sich wirklich nieder in ihrer Mitte und sprach: Ich sage euch in Wahrheit, Niemand kann selig werden, außer er tue das Gesetz.»

Und die Anderen antworteten: «Wir tun alle die Gesetze Mosis, unseres Gesetzgebers, genau wie sie in den heiligen Schriften aufgeschrieben sind». – Und Jesus antwortete: «Sucht nicht das Gesetz in euren Schriften, denn das Gesetz ist Leben, während die Schrift tot ist. Ich sage euch wahrlich: Mose erhielt die Gesetze von Gott nicht schriftlich, sondern durchs Lebende Wort. Das Gesetz ist lebendes Wort des Lebendigen Gottes an lebende Propheten für lebende Menschen. In Alles was Leben hat, ist das Gesetz geschrieben. Ihr findet es im Gras, im Baum, im Fluß, im Himmel, in den Vögeln des Himmels, in den Fischen des Meeres; – aber vorallem sucht es in euch selber. Denn ich sage euch wahrhaftig: Alle lebenden Dinge sind Gott näher als die Schrift, die ohne Leben ist. Gott machte das Leben und alle lebenden Dinge so, daß sie durchs unvergängliche Wort die Menschen das wahre Gesetz des wahren Gottes lehren sollten.

Gott schrieb die Gesetze nicht auf Buchseiten, sondern in eure Herzen und in euren Geist. Sie sind in eurem Atem, in eurem Blut, in eurem Knochen, in eurem Fleisch, euren Eingeweiden, euren Augen, euren Ohren und in jedem kleinen Teil eures Leibs. Sie sind gegenwärtig in der Luft, im Wasser, in der Erde, in den Pflanzen, in den Sonnenstrahlen, in den Tiefen, in den Höhen. Sie alle sprechen zu euch, auf daß ihr verstehen möchtet die Zunge und den Willen des lebendigen Gottes. Aber ihr schließt die Augen, sodaß ihr nicht sehen mögt; und ihr schließt eure Ohren, sodaß ihr nicht hören mögt. Ich sage euch in Wahrheit, daß die Schrift das Werk von Menschen ist; aber das Leben und alle die es beherbergen sind das Werk unseres Gottes. Warum hört ihr nicht auf die Worte Gottes, die in Seine Werke geschrieben sind? Und weshalb studiert ihr die toten Schriften, die das Werk der Hände von Menschen sind?»

«Wie mögen wir die Gesetze Gottes anders lesen als in den Schriften? Wo sind sie aufgeschrieben? Lies Du sie uns vor von dort, wo Du sie aufgeschrieben siehst, denn wir kennen nichts Anderes als die Schriften, die wir von unseren Vorvätern ererbt haben. Lehre uns die Gesetze, von denen du sprichst, damit – sie hörend – wir geheilt und gerecht werden».

Jesus sagte: «Ihr versteht nicht die Worte des Lebens, weil ihr im Tod seid. Finsternis verdunkelt eure Augen, und eure Ohren sind verstopft mit Taubheit. Denn ich sage euch: Es nützt euch gar nichts, daß ihr euch über tote Schriften beugt, wenn ihr in euren Taten den leugnet, der euch die Schriften gegeben hat. Ich sage euch wahrhaftig: Gott und seine Gesetze sind nicht in dem was ihr tut. Sie sind nicht in Gefräßigkeit und Weintrunk, noch in lärmigem Leben, noch in den Lüsten, noch in der Suche nach Reichtümern, und auch nicht im Haß gegen eure Feinde. Denn alle diese Dinge sind fern vom wahren Gott und von seinen Engeln. Doch alle diese Dinge kommen aus dem Reich der Finsternis und vom Herrn aller Übel. Und alle diese Dinge tragt ihr in euch selber; und daher treten das Wort und die Kraft Gottes nicht in euch ein, weil alle Arten von Übel und alle Arten von Abscheulichkeiten in eurem Leib und eurem Geist ihre Wohnung haben.

Wenn ihr wirklich wollt, daß des lebenden Gottes Wort und Seine Kraft in euch eintreten mögen, so schändet nicht euren Leib und euren Geist. Denn der Leib ist der Tempel des Geistes, und der Geist ist der Tempel Gottes. Reinigt daher den Tempel, damit der Herr des Tempels darin wohnen mag und einen Platz einnimmt, der Seiner würdig ist.[13] – Und von allen Versuchungen eures Leibs und eures Geistes, die von Satan kommen, zieht euch zurück unter den Schatten von Gottes Himmel.

«Erneuert euch selber und fastet. Denn ich sage euch wahrhaftig, daß Satan und seine Plagen nur durch Fasten und durchs Gebet hinausgeworfen werden können. Geht allein und fastet allein, und zeigt euer Fasten niemandem. Der lebende Gott wird es sehen, und groß wird euer Lohn sein. Und fastet, bis Beelzebuh und alle seine Übel von euch gehen, und alle Engel unserer Mutter Erde werden kommen und euch dienen. Denn ich sage euch wahrhaftig: Es sei denn ihr fastet, so werdet ihr nie von der Macht von Satan befreit werden, noch von allen Übeln, die von Satan kommen. Fastet und betet inbrünstig, indem ihr die Kraft des lebendigen Gottes sucht zu eurer Heilung. Während ihr fastet, meidet die Menschensöhne und sucht die Engel unserer Mutter Erde. Denn wer sucht, wird finden.

«Sucht die frische Luft der Wälder und der Felder, und dort, in ihrer Aller Mitte, werdet ihr den Engel der Luft finden. Legt eure Schuhe und Kleider ab und erlaubt dem Engel der Luft, euren ganzen Körper zu umarmen. Atmet darauf lang und tief, damit der Engel der Luft in euch hinein gebracht werden mag. Ich sage euch wahrhaftig: Der Engel der Luft wird alle Unreinheiten aus eurem Leib hinauswerfen, die ihn auswendig und inwendig geschändet haben. Und so werden alle übelriechenden und unsauberen Dinge aus euch aufsteigen, so wie der Rauch sich aufwärts ringelt und im Meer der Luft aufgelöst wird. Denn ich sage euch wahrhaftig: Heilig ist der Engel der Luft, der alles säubert, was unsauber ist und alle übelriechenden Dinge in einen süßen Duft verwandelt. Kein Mensch vermag vor das Antlitz Gottes zu gelangen, den der Engel der Luft nicht passieren läßt. In Wahrheit: Alles muß wiedergeboren werden durch Luft und Wahrheit, denn euer Leib atmet die Luft von Mutter Erde, und euer Geist atmet die Wahrheit eures Himmlischen Vaters.

«Nach dem Engel der Luft, sucht nach dem Engel des Wassers. Legt ab eure Schuhe und eure Kleider und erlaubt dem Engel des Wassers, euren ganzen Leib zu umarmen. Werft euch ganz in seine umhüllenden Arme, und so oft ihr die Luft mit eurem Atem bewegt, bewegt mit dem Leib das Wasser auch. Ich sage euch in Wahrheit: Der Engel des Wassers wird aus eurem Leib alle Unsauberkeiten hinaus werfen, die ihn von außen und von innen verunreinigt haben. Und alle unsauberen und übelriechenden Dinge werden aus euch ausfließen, so wie die Unsauberkeiten aus Kleidern ausfließen, die im Wasser gewaschen werden, und im Strömen des Flusses sich verlieren. – Ich sage euch wahrhaftig: Heilig ist der Engel des Wassers, der Alles reinigt was unrein ist, und der alle übelriechenden Dinge in einen süßen Duft verwandelt. Kein Mensch vermag vor das Antlitz Gottes zu treten, den der Engel des Wassers nicht passieren läßt. Es ist die volle Wahrheit: Alles muß wiedergeboren werden aus Wasser und aus der Wahrheit, denn euer Leib badet im Fluß irdischen Lebens, und euer Geist badet im Fluß *immerwährenden Lebens*. Denn ihr erhaltet euer Blut von Mutter Erde, und die Wahrheit vom Himmlischen Vater.

«Denkt nicht, es sei genügend, daß der Engel des Wassers euch nur auswendig umarmt. Ich sage euch wahrhaftig: Die Unsauberkeit im Innern ist bei weitem größer als die Unreinheit im Äußeren. Und wer sich außen reinigt, inwendig aber unsauber bleibt, ist wie Gräber, die äußerlich hübsch bemalt sind, inwendig aber voll sind von aller Art grausiger Unreinheiten und Scheußlichkeiten.[14] – Darum sage ich euch in Wahrheit: laßt den Engel des Wassers euch auch im Inneren taufen, auf daß ihr frei werden mögt von allen Sünden der Vergangenheit, und daß ihr auch inwendig so rein werdet wie der im Sonnenlicht hüpfende Schaum des Flusses.

Darum: Sucht euch einen Flaschenkürbis, der einen Stiel von der Länge eines Menschen hat; nehmt sein Inneres heraus und füllt ihn mit Wasser des Flusses, das die Sonne gewärmt hat. Hängt ihn an einen Ast eines Baums und kniet auf den Boden vor dem Engel des Wassers, und erlaubt dem Ende des Stiels des Flaschenkürbisses, in euer Hinterteil einzudringen, sodaß das Wasser durch alle eure Eingeweide fließen kann. Danach bleibt am Boden kniend vor dem Engel des Wassers und betet zum lebendigen Gott, daß er euch alle früheren Sünden vergeben möchte, und bittet den Engel des Wassers, er möge euren Leib befreien von allen Unreinheiten und Krankheiten. Dann laßt das Wasser aus eurem Leib ausfließen, damit es daraus alle unsauberen und übelriechenden Dinge von Satan wegtragen kann. Und ihr werdet sehen mit euren Augen und riechen mit euren Nasen all die Scheußlichkeiten und Unsauberkeiten, die den Tempel eures Leibs geschändet haben; – sogar alle Sünden, die in eurem Leib wohnen und euch mit allen Arten von Schmerzen quälen.

Ich sage euch in Wahrheit: Die Taufe mit Wasser befreit euch von allem Diesem. Erneuert eure Taufe mit Wasser an jedem Tag eures Fastens, bis an den Tag, wo ihr sehen werdet, daß das Wasser, das aus euch fließt, so rein ist wie des Flusses Schaum. Dann wendet euren Leib zum eilenden Fluß, und dort, in den Armen des Engels des Wassers, sagt Dank dem lebendigen Gott, daß er euch von euren Sünden befreit hat. Und diese heilige Taufe durch den Engel des Wassers ist: Wiedergeburt zum neuen Leben! Denn von nun an werden eure Augen sehen, und eure Ohren werden hören. Sündigt daher nicht mehr nach eurer Taufe, auf daß die Engel der Luft und des Wassers in euch wohnen und euch fortdauernd dienen.

«Und wenn danach etwas von euren früheren Sünden und Unreinheiten in euch verbleibt, sucht den Engel des Sonnenlichts auf. Legt eure Schuhe und eure Kleider ab und erlaubt dem Engel des Sonnenlichts, euren ganzen Leib zu umarmen. Dann atmet lang und tief, damit der Engel des Sonnenlichts in euch gebracht werden möge. Und der Engel des Sonnenlichts wird alle übelriechenden und unreinen Dinge aus eurem Leib hinauswerfen, die ihn von außen und von innen geschändet haben. Und alle unreinen und übelriechenden Dinge werden von euch aufsteigen, so wie die Dunkelheit der Nacht vor der Helle der aufgehenden Sonne weicht. Denn ich sage euch in Wahrheit: Heilig ist der Egel des Sonnenlichts, der alle Unreinheiten reinigt und alle übelriechenden Dinge in süßen Duft verwandelt. Niemand darf vor das Angesicht Gottes treten, den der Engel des Sonnenlichts nicht passieren läßt. – Wahrlich: Alle müssen wiedergeboren werden aus der Sonne und der Wahrheit; denn euer Leib badet im Sonnenlicht der Wahrheit des Himmlischen Vaters.

«Die Engel von Luft, von Wasser und von Sonnenlicht sind Brüder. Sie wurden dem Sohn des Menschen gegeben, damit sie ihm dienen möchten, und daß er stets vom Einen zum-Anderen gehen möge. – Heilig ist ebenso ihre Umarmung. Sie sind untrennbare Kinder von Mutter Erde – also: Trennt nicht Jene, die Erde und Himmel als Eines gemacht haben. Laßt diese drei Engel-Brüder euch jeden Tag einhüllen, und laßt sie mit euch wohnen während all den Tagen eures Fastens.

«Denn ich sage euch wahrhaftig: Die Macht aller Teufel, aller Sünden und Unsauberkeiten werden eiligst weggehen von jedem Leib, der umarmt wird von diesen drei Engeln. Wie Diebe fliehen aus einem verlassenen Haus, wenn der Hausherr kommt – einer durch die Tür, einer durchs Fenster, und der Dritte übers Dach – jeder wo er überrascht wird, und wie er entkommen mag: ebenso werden aus euren Leibern weggehen alle Teufel des Übels, alle früheren Sünden und alle Unreinheiten und Krankheiten, die den Tempel eures Leibs geschändet haben. Wenn die Engel von Mutter Erde eure Leiber derart betreten, daß die Herren des Tempel ihn wieder in Besitz nehmen können, dann werden alle üblen Gerüche eiligst durch euren Atem und eure Haut davon gehen, faulige Wässer durch euren Mund und eure Haut, durch eure Hintern und eure geheimen Teile. Und alle diese Dinge werdet ihr sehen mit euren Augen und riechen mit euren Nasen und berühren mit euren Händen. Und wenn alle Sünden und alle Unreinheiten aus eurem Leib gegangen sind, dann wird euer Blut so rein werden wie das Blut unserer Mutter Erde und wie der im Sonnenlicht hüpfende Schaum des Flusses. Und euer Atem wird werden wie der Atem duftender Blüten; euer Fleisch so rein wie von Früchten, die sich röten an den Zweigen der Bäume; – das Licht eures Auges so klar und hell wie die Klarheit der Sonne, die am blauen Himmel scheint. Und jetzt werden alle Engel von Mutter Erde euch dienen. Und euer Atem, euer Blut und euer Fleisch werden Eins sein mit dem Atem, dem Blut und dem Fleisch von Mutter Erde, sodaß auch euer Geist Eins werden kann mit dem Geist eures Himmlischen Vaters. Denn wahrlich, niemand kann den Himmlischen Vater erreichen, es sei denn durch Mutter Erde. Ebenso wie kein neugeborenes Kindlein die Belehrungen seines Vaters verstehen kann, bevor seine Mutter es gesäugt hat, gebadet hat, versorgt hat, schlafen gelegt und ernährt hat. Solange das Kind noch klein ist, ist sein Platz bei der Mutter und muß es der Mutter gehorchen. Wenn das Kind erwachsen ist, nimmt sein Vater es mit zum Arbeiten an seiner Seite auf dem Feld, und das Kind kommt erst dann zu seiner Mutter zurück, wenn die Stunde des Mittagessens und des Abendessens gekommen ist. Und jetzt lehrt es der Vater, damit es geschickt werden soll in den Arbeiten seines Vaters. Und wenn der Vater sieht, daß der Sohn seine Lehren versteht und seine Arbeit gut verrichtet, dann gibt er ihm alle seine Besitztümer, damit sie seinem geliebten Sohn gehören sollen, und auf daß sein Sohn seines Vaters Arbeit fortführen möge. Ich sage euch wahrhaftig: Selig ist der Sohn, der den Rat seiner Mutter annimmt und auch darin wandelt. Und hundertmal seliger ist jener Sohn, der auch nach dem Rat seines Vaters wandelt; denn es wurde zu euch gesagt: „Ehre deinen Vater und deine Mutter, damit deine *Tage lang sein mögen auf Erden*". – Ich aber sage zu euch Menschensöhnen: Ehret eure Mutter Erde und haltet alle ihre Gesetze, damit eure Tage lang sein mögen auf Erden; und ehrt euren Himmlischen Vater, auf daß ewiges Leben euer sein möge in den Himmeln. Denn der Himmlische Vater ist hundertmal größer als alle Väter aus Samen und Blut; und größer ist Mutter Erde als alle Mütter nach dem Leib. Und teurer ist der Sohn des Menschen in den Augen seines Himmlischen Vaters und seiner Mutter Erde, als es Kinder in den Augen ihrer Väter aus Samen und Blut sowie in jenen ihrer Mütter nach dem Leib sind. Und weiser sind die Worte und Gesetze eures Himmlischen Vaters und eurer Mutter Erde, als die Worte und der Wille aller Väter durch Samen und Blut, und als jene aller Mütter nach dem Leib. Und wertvoller auch ist das Erbe eures Himmlischen Vaters und eurer Mutter Erde, nämlich das ewigwährende Königtum irdischen und himmlischen Lebens, als alle Erbschaften eurer Väter aus Samen und Blut, und als eurer Mütter nach dem Leib.

«Und eure wahren Brüder sind alle Jene, die den Willen eures Himmlischen Vaters und eurer Mutter Erde tun – und nicht eure Brüder durchs Blut. Ich sage euch in Wahrheit: Eure wahren Brüder im Willen des Himmlischen Vaters und in dem von Mutter Erde werden euch tausendmal mehr lieben als eure Brüder durchs Blut. Denn seit der Zeit von Kain und Abel, als Blutsbrüder den Willen Gottes mißachteten, gibt es keine wahre Bruderschaft durchs Blut. Und Brüder tun mit ihren Brüdern wie Fremde. Daher sage ich euch: Liebt eure wahren Brüder im Willen Gottes tausendmal mehr, als eure Brüder durchs Blut.

DENN EUER HIMMLISCHER VATER IST LIEBE.
DENN EURE MUTTER ERDE IST LIEBE.
DENN DER SOHN DES MENSCHEN IST LIEBE.

«Durch Liebe geschieht es, daß der Himmlische Vater und Mutter Erde und der Sohn des Menschen Eins werden. Denn der Geist des Sohns des

Menschen wurde erschaffen aus dem Geist des Himmlischen Vaters, und sein Leib aus dem Leib von Mutter Erde. Werdet daher vollkommen, wie der Geist eures Himmlischen Vaters und der Leib eurer Mutter Erde vollkommen sind. Und liebt euren Himmlischen Vater so, wie er euren Geist liebt. Und liebt eure Mutter Erde so, wie sie euren Leib liebt. Und liebt eure wahren Brüder so, wie euer Himmlischer Vater und eure Mutter Erde sie lieben. Dann wird euer Himmlischer Vater euch seinen heiligen Geist geben, und eure Mutter Erde wird euch ihren heiligen Leib geben. Und dann werden die Menschensöhne einander Liebe schenken wie echte Brüder: die Liebe, die sie empfingen von ihrem Himmlischen Vater und von ihrer Mutter Erde – und alle werden sie Tröster für einander werden. – Und dann werden verschwinden von der Erde alles Übel und alle Sorgen, und Liebe und Freude werden sein auf Erden. Und dann wird die Erde sein wie die Himmel, und das Reich Gottes wird kommen. Und dann wird kommen der Sohn des Menschen in all seiner Glorie, um das Reich Gottes zu ererben. Und dann werden die Menschensöhne ihr göttliches Erbe teilen: das Reich Gottes. Denn die Menschensöhne leben im Himmlischen Vater und in Mutter Erde, und der Himmlische Vater und Mutter Erde leben in ihnen. – Und dann, mit dem Reich Gottes, wird kommen das Ende der Zeiten. Denn die Liebe des Himmlischen Vaters gibt Allen ewiges Leben im Reich Gottes. – Denn Liebe ist ewig:

DENN LIEBE IST STÄRKER ALS TOD!

«So ich mit den Zungen von Menschen und von Engeln spreche, habe aber die Liebe nicht, so bin ich ein tönend Erz oder eine wohlklingende Zimbel geworden. Selbst wenn ich voraussage, was kommen wird, und habe alles Geheimwissen und alle Weisheit, und wenn ich Glauben habe, stark wie der Sturm, der die Berge von ihren Sitzen hebt, habe aber die Liebe nicht, so bin ich nichts. Und wenn ich alle meine Güter verschenke, um die Armen zu speisen, und all mein Feuer weggebe, das ich von meinem Vater erhalten habe, habe aber die Liebe nicht, dann habe ich keinerlei Nutzen. –

Liebe ist geduldig, Liebe ist freundlich. Liebe neidet nicht, tut kein Übel, kennt keinen Stolz, ist nicht grob noch eigennützig, ist langsam zum Zorn, vermutet keine bösen Absichten, frohlockt nicht über Unrecht, erfreut sich aber am Recht. Liebe beschützt alles, Liebe glaubt alles, Liebe hofft alles, Liebe erträgt alles; sie erschöpft sich nie. Hingegen Zungen werden schweigen[15], und Wissenschaft wird zu Nichts werden, denn wir haben Anteil an der Wahrheit, und wir haben Anteil am Irrtum. Wenn aber die Fülle der Vollkommenheit gekommen ist, dann wird was teilweise ist, ausgelöscht.

Wenn ein Mann ein Kind ist, spricht er wie ein Kind, versteht [die Dinge] wie ein Kind, denkt wie ein Kind. Aber wenn er ein Mann wird, legt er die kindlichen Dinge ab. Denn jetzt sehen wir durch ein Glas und durch dunkle Sprüche. Jetzt wissen wir teilweise, aber wenn wir vors Angesicht

Gottes gelangt sind, werden wir nicht teilweise wissen, sondern genau so wie wir von Ihm gelehrt worden sind. – Und nun bleiben diese Drei: Glaube und Liebe und Hoffnung; aber das Größte von diesen ist die Liebe.[16]

«Und nun spreche ich zu euch in der lebendigen Sprache des lebendigen Gottes, durch den Geist unseres Himmlischen Vaters. Da ist jetzt noch Keines unter euch, das All dies verstehen kann, wovon ich spreche. Jener, der euch die Schriften auslegt, spricht zu euch in einer toten Sprache toter Menschen, durch den siechen und sterblichen Körper. Ihn können daher alle Menschen verstehen, denn alle Menschen sind siech und alle sind im Tod. Keiner sieht das Licht des Lebens. Blinde Menschen führen Blinde auf den Pfaden von Sünden, Siechtum und Leiden, und am Letzten fallen Alle in die Grube des Todes.

«Ich bin gesandt zu euch vom Vater, auf daß ich das Licht des Lebens vor euch zum Leuchten bringe. Das Licht erleuchtet sich selbst und die Finsternis; aber die Finsternis kennt nur sich selbst und kennt das Licht nicht.[17] Ich habe euch noch immer Vieles zu sagen, aber ihr könnt es jetzt noch nicht hören. Denn eure Augen sind gewöhnt an die Finsternis, und das volle Licht des Himmlischen Vaters würde euch erblinden lassen.[18] Daher könnt ihr das noch nicht verstehen, was ich zu euch spreche betreffend den Himmlischen Vater, der mich zu euch gesandt hat. Befolgt darum als Erstes nur die Gesetze eurer Mutter Erde, von der ich euch erzählt habe. Und wenn ihre Engel eure Leiber gereinigt und erneuert und eure Augen gestärkt haben, werdet ihr fähig sein, das Licht unseres Himmlischen Vaters zu ertragen. Wenn ihr mit offenen Augen in die Helle der Mittagssonne blicken könnt, ohne zu zwinkern, dann erst könnt ihr auf das blendende Licht eures Himmlischen Vaters blicken, das tausendmal heller ist, als die Helle von tausend Sonnen. Doch wie solltet ihr in das blindmachende Licht eures Vaters blicken, wenn ihr nicht einmal in die Strahlen der gleißenden Sonne blicken könnt?

«Glaubt mir: Die Sonne ist wie die Flamme einer Kerze neben der Flamme der Wahrheit des Himmlischen Vaters. – Habt also nur Glauben, und Hoffnung, und Liebe. Ich sage euch wahrhaftig: Ihr werdet die Belohnung nicht missen. Wenn ihr meinen Worten glaubt, glaubt ihr an den, der mich sandte, welcher der Herr über Alles ist, und mit dem alle Dinge möglich sind. Denn was Menschen unmöglich ist, alle diese Dinge sind möglich für Gott. Wenn ihr an die Engel von Mutter Erde glaubt und ihre Gesetze tut, dann wird euer Glaube euch stützen, und ihr werdet niemals eine Krankheit sehen. Habt Hoffnung auch auf euren Himmlischen Vater; denn wer Ihm vertraut, wird nie enttäuscht werden, noch wird er jemals den Tod sehen. – Liebt einander, denn Gott ist Liebe, und so werden die Engel wissen, daß ihr in Seinen Pfaden wandelt. – Und dann werden alle Engel vor euer Angesicht kommen und euch dienen. Und Satan mit allen Sünden, Seuchen und Unreinheiten wird aus eurem Leib ausfahren. Geht, meidet eure Sünden, bereut euer Tun, tauft euch, auf daß ihr wiedergeboren werden möget und nie mehr sündigt.»

Und Jesus stand auf. Aber alle Übrigen blieben sitzen, denn Jedermann fühlte die Kraft seiner Worte. Und da erschien der volle Mond zwischen den zerreissenden Wolken und hüllte Jesus in seine Helligkeit. Und Funken stoben von seinen Haaren, und er stand mitten unter ihnen im Mondlicht, als ob er in der Luft schweben würde. – Und niemand bewegte sich, noch wurde die Stimme Eines von ihnen gehört. Und niemand wußte, wieviel Zeit vergangen war; denn die Zeit stand still. – Und dann streckte Jesus seine Hände aus nach ihnen und sprach: *«Der Friede sei mit euch!»* – Und darauf ging er weg, wie der Atem des Windes, der sich im Grün der Bäume wiegt.

Und für eine lange Weile noch saß die Gemeinschaft still, bis sie schweigend erwachten – Einer nach dem Anderen, wie aus einem langen Traum. Doch Niemand ging weg, als ob die Worte von Ihm, der sie verlassen hatte, noch stetsfort in ihren Ohren ertönen würden. Und sie saßen, als lauschten sie irgend einer wundersamen Musik.

Aber endlich sagte Einer – und zwar etwas ängstlich: *«Wie gut ist es doch, hier zu sein!»* – Und ein Andere: «Ich wünschte, diese Nacht könnte ewig dauern». – Und Andere wieder: *«Ich wollte, er wäre immer unter uns!» – «In Wahrheit, er ist Gottes Botschafter, denn er pflanzt Hoffnung in unsere Herzen.»* – Und Keiner wollte weggehen, indem sie sagten: *«Ich gehe nicht heim, wo alles finster und freudlos ist. – Wozu sollten wir nach Hause gehen, wo niemand uns liebt?»*

Und sie sprachen in dieser Weise mit einander, denn sie waren fast alle arm, lahm, blind, verstümmelt, Bettler, Obdachlose, Verachtete in ihrem Elend, die nur aus Mitleid ertragen wurden in den Häusern, wo sie für einige Tage einen Unterschlupf fanden. – Sogar Einige, die beides, Haus und Familie hatten, sagten: «Auch wir wollen mit euch bleiben». Denn Jedermann fühlte, daß die Worte von Ihm, der von ihnen gegangen war, sie zusammenbanden mit unsichtbaren Fäden. Und Alle fühlten, daß sie neu geboren waren. Sie sahen vor sich eine strahlende Welt, selbst wenn der Mond in den Wolken verborgen war. Und in den Herzen Aller erblühten wundersame Blüten von wundersamer Schönheit: die Blüten der Freude.

Und als die hellen Sonnenstrahlen erschienen über dem Rand der Erde, da fühlten sie alle, daß es die Sonne des Neuen Reiches Gottes war. Und in froher Stimmung gingen sie, um die Engel Gottes zu begrüßen.

Und viele Unreine und Kranke folgten den Worten von Jesus und suchten den Strand der rauschenden Flüsse auf. Sie legten ihre Schuhe und ihre Kleider ab; sie fasteten und überliessen ihre Leiber den Engeln der Luft, des Wassers und des Sonnenscheins. Und die Engel von Mutter Erde umarmten sie und nahmen ihre Leiber in Besitz – inwendig und auswendig. Und Alle von ihnen sahen alle Übel, Sünden und Unreinheiten in Eile von ihnen fortgehen. Und der Atem von Einigen wurde so stinkend wie das, was aus den Eingeweiden abgeht; und Andere hatten einen Anfall von Speien, und ein übelriechendes und unreines Erbrechen stieg von ihren inneren Teilen auf. Alle diese Unreinheiten flossen aus ihren Mündern, bei Einigen aus der Nase, bei Andern aus den Augen und Ohren. Und Viele hatten einen widerlichen und scheußlichen Schweiß aus ihrem ganzen Leib kommen, über ihre ganze Haut hin. Und an vielen Gliedern brachen große, entzündete Beulen auf, aus denen die Unreinheit floß mit üblem Geruch; und Urin floß übermäßig aus ihren Leibern; und in Vielen war ihr Urin fast ausgetrocknet und wurde dickflüssig wie der Honig von Bienen; Anderer ihrer war beinah rot oder schwarz, und so hart fast wie der Sand von Flüssen. Und Andere stießen stinkende Gase auf aus ihren Eingeweiden, wie der Atem von Teufeln. Und ihr Gestank wurde so groß, daß Keiner es ertragen konnte.

Und als sie sich selber tauften, betrat der Engel des Wassers ihre Leiber, und es flossen aus ihnen alle Scheußlichkeiten und Unreinheiten ihrer vergangenen Sünden; und wie ein niederstürzender Bergbach ergoß sich aus ihren Leibern eine Menge fester und flüssiger Scheußlichkeiten. Und der Ort wohin ihre Wässer flossen wurde verschmutzt; und so groß wurde der Gestank, daß Keiner dort bleiben konnte. Und die Teufel verließen ihre Leiber in der Form mannigfach geformter Würmer, die sich in großer Wut krümmten, nachdem der Engel sie hinausgeworfen hatten aus den Eingeweiden der Menschensöhne. Darauf senkte sich auf sie nieder die Macht des Engels des Sonnenscheins, und sie verendeten dort in ihren verzweifelten Krümmungen, unter die Füße getreten durch den Engel des Sonnenscheins. Und Alle zitterten in Furcht und Schrecken, als sie auf alle diese Scheußlichkeiten von Satan blickten, wovon die Engel sie errettet hatten. Und sie sagten Gott Dank, der seine Engel gesandt hatte zu ihrer Befreiung.

Und da waren Solche, die wurden von großen Schmerzen gequält, die sie nicht verlassen wollten: Und da sie nicht wußten, was sie tun sollten, sandten sie Einen aus nach Jesus, denn sie wünschten überaus, daß er mit ihnen sei. Und als Zwei gegangen waren, ihn zu suchen, da sahen sie Jesus selber sich ihnen nähern auf dem Strand des Flusses. Und ihre Herzen wurden erfüllt von Hoffnung und Freude, als sie seinen Gruß hörten: *«Der Friede sei mit euch!»* – Und zahlreich waren die Fragen, die sie ihm zu stellen wünschten, aber in ihrer Verlegenheit konnten sie nicht beginnen, denn nichts kam ihnen zu Sinn. Da sagte Jesus zu ihnen: *«Ich komme, weil ihr mich braucht»*. Und einer rief aus: *«Meister, ja wirklich! – Komm und befreie uns von unseren Schmerzen!»*

*

Und Jesus sprach zu ihnen in Parabeln: «Ihr seid wie der verschwenderische Sohn[19], der während vieler Jahre aß und trank und seine Tage mit seinen Freunden vertat in Aufruhr und Lüsternheit. Und jede Woche, ohne daß sein Vater es wußte, machte er neue Schulden und verschleuderte Alles in wenigen Tagen. Und die Geldverleiher liehen ihm immer, denn sein Vater besaß große Reichtümer und bezahlte stets geduldig die Schulden seines Sohns. Und umsonst ermahnte er in freundlichen Worten seinen

Sohn, denn der hörte nie auf die Ermahnungen seines Vaters, der ihm umsonst Vorstellungen darüber machte, seine Ausschweifungen aufzugeben, die nicht enden wollten, und daß er doch auf seine Felder gehen möchte, um seine Diener zu beaufsichtigen. Und der Sohn versprach ihm stets alles, wenn er nur seine alten Schulden bezahlen würde. Aber am nächsten Tag begann er von Neuem. Und über mehr als sieben Jahre fuhr der Sohn fort in seinem wilden Lebenswandel. Endlich aber verlor der Vater die Geduld und bezahlte den Geldverleihern die Schulden seines Sohnes nicht mehr: *„Wenn ich stets fortfahre, zu bezahlen* – so sagte er – *so wird kein Ende sein der Verfehlungen meines Sohnes".* – Da nahmen die enttäuschten Geldverleiher in ihrer Wut den Sohn zum Sklaven, damit er ihnen durch tägliche niedrige Arbeit das Geld zurückbezahlen würde, das er geborgt hatte. Und da endeten das Fressen und Saufen und die täglichen Ausschweifungen. Von Morgens bis Abends im Schweiße seines Angesichts wässerte er die Felder, und alle seine Glieder schmerzten von der ungewohnten Arbeit. Und er lebte von trockenem Brot und hatte nichts als seine Tränen, um es damit zu befeuchten. Und nach drei Tagen, da er so unter Hitze und Müdigkeit litt, sagte er zu seinem Meister: *„Ich kann nicht mehr arbeiten, denn alle meine Glieder schmerzen mich. Wie lange willst du mich noch quälen?" – „Bis an den Tag an dem du mir durch die Arbeit deiner Hände die Schulden zurückbezahlt haben wirst; und wenn sieben Jahre um sind, bist du frei".*[20] – Und der verzweifelte Sohn antwortete weinend: *„Aber ich kann ja nicht einmal sieben Tage aushalten! Hab Erbarmen mit mir, denn alle meine Glieder brennen und schmerzen!"* – Und der niederträchtige Gläubiger rief aus: *"Mach vorwärts mit der Arbeit! Wenn du während sieben Jahren deine Tage und Nächte in Ausschweifung verbringen konntest, so mußt du jetzt während sieben Jahren arbeiten. Ich werde dir nicht vergeben, bis du alle deine Schulden bis zur letzten Drachme zurückbezahlt hast."* – Und der Sohn mit seinen von Schmerzen zerschlagenen, schmerzenden Gliedern ging verzweifelt zurück zu den Feldern, seine Arbeit fortzusetzen. Schon konnte er kaum mehr auf seinen Füßen stehen in seiner Müdigkeit und seinen Schmerzen, als der siebente Tag – der Sabbath gekommen war, an dem kein Mensch auf den Feldern arbeitet. Da nahm der Sohn den Rest seiner Kraft und wankte zum Haus seines Vaters. Und er warf sich dem Vater zu Füßen und sagte: „Vater, glaub mir *ein letztes Mal und vergib mir alle meine Ungezogenheiten Dir gegenüber. Ich schwöre dir, daß ich niemals wieder ausschweifend leben werde, und daß ich dein Gehorsamer Sohn sein werde in allen Dingen. Nur befreie mich aus den Händen meines Unterdrückers!. – Vater, schau auf mich und meine kranken Glieder und verhärte dein Herz nicht!"* – Da traten Tränen in die Augen des Vaters, und er nahm seinen Sohn in seine Arme und sprach: *„Laßt uns fröhlich sein, denn heute ist mir eine große Freude geschenkt worden, denn ich habe meinen geliebten Sohn wiedergefunden, der verloren war!" – Und er bekleidete ihn mit seinem kostbarsten Kleid, und den ganzen Tag lang waren sie fröhlich zusammen. Und am Morgen des* *nächsten Tages gab er seinem Sohn einen Beutel mit* Silber, damit er seinen Gläubigern alles zurückbezahlen konnte, was er ihnen schuldete. Und als sein Sohn zurück kam, sagte er zu ihm: *„Mein Sohn, siehst du, daß es leicht ist, mit ausschweifendem Leben Schulden zu machen für sieben Jahre; daß aber ihre Bezahlung durch die Arbeit von sieben Jahren schwer ist?"* – *„Vater, es ist tatsächlich schwer sie zu bezahlen, sogar nur sieben Tage lang!"* – Und sein Vater ermahnte ihn mit den Worten: *„Für dieses einzige Mal nur ist dir erlaubt worden, deine Schulden in sieben Tagen zu bezahlen, anstatt in sieben Jahren. Der Rest ist dir vergeben. Trag aber Sorge, daß du in der kommenden Zeit keine neuen Schulden machst! Denn ich sage dir in Wahrheit: daß niemand als dein Vater dir deine Schulden vergibt, weil du sein Sohn bist. Denn mit allen Andern hättest du hart arbeiten müssen während sieben Jahren, wie es in unseren Gesetzen geboten wird."*

„Mein Vater, ich werde von nun an dein liebender und gehorsamer Sohn sein, und ich will niemals mehr Schulden machen, denn ich weiß nun, daß es hart ist, sie zurückzuzahlen." – Und er ging auf seines Vaters Feld und beaufsichtigte jeden Tag die Arbeit der Arbeiter seines Vaters. Und er ließ seine Arbeiter nie hart arbeiten, denn er behielt seine eigene harte Arbeit im Gedächtnis.

Und die Jahre vergingen, und die Güter seines Vaters wuchsen mehr und mehr an unter seiner Hand; denn der Segen seines Vaters war auf seiner Arbeit. Und nach und nach gab er seinem Vater alles zurück, was er in den sieben Jahren verschleudert hatte. Und als sein Vater sah, daß er seine Diener und all seinen Besitz gut benutzte, sagte er zu ihm: *„Mein Sohn, ich sehe, daß meine Besitztümer in guten Händen sind. Ich gebe dir all mein Vieh, mein Haus, meine Ländereien und meine Schätze. Laß all dies dein Erbe sein. Fahr fort, es zu vermehren, damit ich meine Freude an dir habe."* – Und als der Sohn seine Erbschaft von seinem Vater erhalten hatte, erließ er allen seinen Schuldnern, die ihn nicht bezahlen konnten, ihre Schulden; denn er vergaß nicht, daß auch ihm seine Schuld erlassen worden war, als er sie nicht zurückbezahlen konnte. Und Gott segnete ihn mit einem langen Leben, mit vielen Kindern und mit vielen Reichtümern, denn er war freundlich zu all seinen Dienern und zu all seinem Vieh.»

✻

Nach Diesem wandte Jesus sich den kranken Leuten zu und sagte: «Ich rede zu euch in Gleichnissen, damit ihr Gottes Wort besser verstehen könnt. – Die sieben Jahre von Fressen und Saufen und von ausschweifendem Lebenswandel sind die Verfehlungen der Vergangenheit. Der böse Gläubiger ist Satan. Die Schulden sind Krankheiten. Die schwere Arbeit sind die Schmerzen. Der verschwenderische Sohn, das seid ihr selber. Die Bezahlung der Schulden, das ist das Ausfahren von Teufeln und Siechtum aus euch sowie die Heilung eurer Leiber. Der Beutel mit Silber, vom Vater empfangen, das ist die befreiende Macht der Engel. Der Vater ist Gott. Des Vaters Besitztümer sind Erde und Himmel. Die Diener des Vaters sind die Engel. Des Vaters Acker ist die Welt, die ins Königreich der Himmel verwandelt wird, wenn die Menschensöhne zusammen mit den Engeln des Himmlischen Vaters ihn beackern. Denn ich sage euch: Es ist besser, daß der Sohn seinem Vater gehorcht und auf die Diener seines Vaters auf dem Felde Acht gibt, als daß er der Schuldner des bösen Gläubigers werde und rackere und schwitze in Sklaverei, um alle seine Schulden zurückzubezahlen. – So ist es auch besser, daß die Menschensöhne ebenso die Gesetze ihres Himmlischen Vaters befolgen und zusammen mit seinen Engeln an seinem Königreich arbeiten, als daß sie die Schuldner von Satan, dem Herrn des Todes, aller Sünden und aller Gebresten werden, indem sie leiden mit Schmerzen und im Schweiß ihres Angesichts, bis sie alle ihre Sünden zurückbezahlt haben. – Ich sage euch in Wahrheit: Groß und zahlreich sind eure Sünden. Viele Jahre lang habt ihr den Verlockungen von Satan nachgegeben. Ihr wart gefräßig, Säufer und gingt den Lüsten nach, und eure vergangenen Verfehlungen haben sich vervielfacht.[21] Und jetzt müßt ihr sie zurückbezahlen, und dieses Bezahlen ist schwierig und hart. Seid deshalb nicht bereits nach dem dritten Tag ungeduldig wie der verschwenderische Sohn, sondern wartet geduldig auf den siebenten Tag, der von Gott geheiligt ist; und dann tretet mit demütigem und gehorsamem Herzen vor das Angesicht eures Himmlischen Vaters, auf daß er euch eure Verfehlungen und alle früheren Verschuldungen vergeben möge. – Ich sage euch wahrhaftig: Euer Himmlischer Vater liebt euch ohne Ende, denn auch er erlaubt uns, in sieben Tagen die Schulden von sieben Jahren zurückzubezahlen. Jene, die Schulden und Seuchen von sieben Jahren haben, sie aber ehrlich bezahlen und so fortfahren bis zum siebenten Tag, denen wird der Himmlische Vater die Schulden aller dieser sieben Jahre vergeben.»

«Und wenn wir sündigen während sieben mal sieben Jahren?» fragte ein kranker Alter, der furchtbar litt. – «Selbst in diesem Fall vergibt dir der Himmlische Vater all deine Schulden, in sieben mal sieben Tagen. – Selig sind, Die bis zum Ende ausharren, denn Satans Teufel schreiben alle eure Schulden in ein Buch: ins Buch eures Leibs und eures Geistes. Ich sage euch wahrhaftig: Jede einzelne schuldhafte Handlung seit dem Beginn der Welt wird vor unserem Himmlischen Vater aufgeschrieben. Denn ihr könnt den Gesetzen entgehen, die von Königen gemacht wurden; aber den Gesetzen eures Gottes, denen mag kein Menschensohn entkommen. – Und wenn ihr vors Angesicht Gottes tretet, dann zeugen die Teufel Satans wider euch mit euren Handlungen, und Gott sieht eure Sünden geschrieben in das Buch eures Leibs und eures Geistes, und er wird traurig in seinem Herzen. – Wenn ihr aber eure Sünden bereut, und wenn ihr in Fasten und Gebet die Engel Gottes aufsucht, dann werden an jedem Tag, an dem ihr fortfahrt zu fasten und zu beten, Gottes Engel ein Jahr eurer Übeltaten löschen aus dem Buch eures Leibes und eures Geistes. Und wenn auch die letzte Seite dergestalt gelöscht und gereinigt ist, dann steht ihr vor dem Angesicht Gottes, und Gott freut sich in seinem Herzen und vergißt alle eure Sünden. Er befreit euch aus den Klauen von Satan und von allem Leiden. Er nimmt euch auf in sein Haus und befiehlt all seinen Dienern, allen seinen Engeln, euch zu dienen. Langes Leben gibt er euch, und ihr werdet niemals eine Krankheit sehen. Und wenn ihr von da ab anstatt zu sündigen eure Tage damit verbringt, gute Taten zu tun, dann werden alle Engel Gottes alle eure guten Taten in das Buch eures Leibes und eures Geistes schreiben. – Ich sage euch in Wahrheit: Keine gute Handlung bleibt unaufgeschrieben bei Gott – nicht seit Beginn der Welt. Denn Seitens eurer Könige und eurer Herren mögt ihr vergeblich warten auf eure Belohnung; doch niemals werden eure guten Taten der Belohnung von Gott ermangeln.

«Und wenn ihr vor das Angesicht Gottes tretet, dann zeugen seine Engel für euch mit euren guten Taten. Und Gott sieht eure guten Taten geschrieben ins Buch eures Leibs und eures Geistes, und freut sich in seinem Herzen. Er segnet euren Leib und euren Geist und alle eure Taten und gibt euch als Erbe sein irdisches und sein himmlisches Königreich, auf daß ihr darin das ewige Leben haben sollet. Glücklich ist, wer eintreten kann ins Königreich Gottes, denn er wird den Tod niemals sehen.»

Und eine große Stille herrschte nach diesen seinen Worten. Und die Entmutigten schöpften neue Kraft daraus und fuhren fort zu fasten und zu beten. Und der als Erster gesprochen hatte, sagte zu ihm: «Ich werde ausharren bis zum siebenten Tag.» Und der Zweite sagte ebenso zu ihm: «Auch ich werde ausharren bis zum sieben Tag». – Jesus antwortete ihnen: Selig sind, Die ausharren bis zum Ende, denn sie sollen die Erde ererben.»

*

Und da waren viele Kranke unter ihnen, geplagt von furchtbaren Schmerzen, und sie krochen mit Mühe bis zu Jesu Füßen, denn sie konnten auf ihren Füßen nicht mehr gehen. Sie sagten: «Meister, wir sind furchtbar geplagt von Schmerzen: Sag uns, was wir tun sollen!» Und sie zeigten Jesu ihre Füße, deren Knochen verkrümmt und knotig waren; und sie sagten: «Weder der Engel der Luft noch der des Wassers, noch der des Sonnenscheins haben unsere Schmerzen gelindert, obgleich wir uns tauften und wirklich fasten und beten und deine Worten in allen Dingen befolgen.» – [Und Jesus sprach:]«Ich sage euch wahrhaftig: Eure Knochen werden geheilt werden. Laßt euch nicht entmutigen, sondern sucht die Pflege beim Heiler der Knochen, dem Engel der Erde. Denn von dort wurden die Knochen genommen, und dahin werden sie zurückkehren.»

Und indem er mit seiner Hand dahin zeigte, wo das Fließen des Wassers und die Hitze der Sonne die Erde am Rande des Wassers zu lehmigem Schlamm aufgeweicht hatten: «Senkt eure Füße in den Schlamm, damit die Umarmung des Engels der Erde aus euren Knochen alle Unreinheit und alles Leiden herausziehen kann. Und ihr werdet sehen wie Satan und alle eure Schmerzen fliehen werden vor der Umarmung des Engels der Erde. Und die Knoten eurer Knochen werden verschwinden, und sie werden gestärkt werden, und alle eure Schmerzen werden verschwinden.» – Und die Kranken befolgten seine Worte, denn sie wußten, daß sie geheilt werden würden.

Und dort waren auch andere Kranke, die sehr unter ihren Schmerzen litten, wie sehr sie auch ausharrten in ihrem Fasten. Und ihre Kräfte waren erschöpft, und große Hitze quälte sie. Und als sie sich erhoben hatten um zu Jesus zu gehen, begann alles um sie her sich zu drehen, als ob da ein böiger Wind wäre, der sie schütteln würde; und so oft sie versuchten, auf ihren Füßen zu stehen, fielen sie zu Boden.

Da ging Jesus zu ihnen und sagte: «Ihr leidet, denn Satan und seine Krankheiten quälen eure Leiber. Doch fürchtet euch nicht, denn ihre Macht über euch wird rasch enden. Denn Satan ist wie ein jähzorniger Nachbar, der seines Nachbars Haus betrat, um ihm seinen Besitz weg zu nehmen während jener abwesend war, und alles in sein eigenes Haus zu tragen. Aber die Einen sagten es dem Andern, daß sein Feind in seinem Haus wütete, und er rannte und kam zurück zu seinem Haus. Und als der böse Nachbar, der Alles was ihm gefiel eingesammelt hatte, den Besitzer des Hauses von Ferne eilends zurückkehren sah, da war er sehr wütend, daß er nicht Alles mitnehmen konnte und verlegte sich darauf, alles zu zerbrechen und zu verderben, was dort war, um Alles zu zerstören, sodaß, selbst wenn die Dinge nicht sein würden, dem Anderen nichts bleiben solle.

Doch unvermittelt kam der Herr des Hauses herein, und bevor der böse Nachbar seinen Zweck erreicht hatte, nahm er ihn und warf ihn aus dem Haus. – Ich sage euch in Wahrheit: Genau so betrat Satan eure Leiber, welche die Wohnstatt Gottes sind. Und er nahm unter seine Gewalt Alles was er stehlen wollte: euren Atem, euer Blut, eure Knochen, euer Fleisch, eure Eingeweide, eure Augen und eure Ohren. Aber durch euer Fasten und euer Beten habt ihr den Herrn eures Leibs und seine Engel zurückgerufen. Und jetzt sieht Satan, daß der wahre Herr eures Leibs zurück kommt, und daß dies das Ende seiner Macht ist. Daher nimmt er in seinem Zorn alle seine Kraft noch einmal zusammen, um eure Leiber zu zerstören, bevor der Herr heim kommt. Das ist der Grund, warum Satan euch so furchtbar quält; denn er fühlt, daß das Ende gekommen ist. Doch laßt eure Herzen nicht erzittern, denn bald werden die Engel Gottes erscheinen, um ihre Wohnungen wieder einzunehmen und sie erneut zu weihen zu Tempeln Gottes. Und sie werden Satan nehmen und hinauswerfen aus euren Leibern, samt seinen Krankheiten und Unreinheiten. Und glücklich werdet ihr sein, denn ihr werdet den Lohn für eure Standhaftigkeit erhalten, und ihr werdet niemals wieder Krankheiten sehen.»

Und da war unter den Kranken Einer, der wurde mehr gequält durch Satan als alle Anderen. Und sein Leib war so ausgemergelt wie ein Skelett, und seine Haut gelb wie ein fallendes Blatt. Er war schon so schwach, daß er nicht einmal auf seinen Händen zu Jesus hin kriechen konnte; und er schrie ihm bloß von Weitem zu: «Meister hab Erbarmen mit mir, denn seit Beginn der Welt hat nie ein Mensch so gelitten wie ich leide. Ich weiß, daß du wirklich von Gott gesandt worden bist, und ich weiß, daß du, wenn du nur willst, Satan sofort aus meinem Leib hinaus werfen kannst. Gehorchen denn nicht die Engel Gottes dem Gesandten Gottes? Komm, Meister, und wirf Satan hinaus aus mir – jetzt! – denn er wütet zornig in mir, und schrecklich ist seine Quälerei!»

Und Jesus antwortete ihm: «Satan quält dich so furchtbar, weil du bereits viele Tage gefastet hast und ihm seinen Tribut nicht entrichtest. Du fütterst ich nicht mit all den Scheußlichkeiten, womit du bisher den Tempel deines Geistes geschändet hast. Du quälst Satan mit Hunger, und daher quält er dich in seinem Zorn ebenso. Fürchte dich nicht, denn ich sage dir: Satan wird vernichtet sein, bevor dein Leib vernichtet sein wird; denn während du fastest und betest, beschützen die Engel Gottes deinen Leib, damit Satans Macht dich nicht zu zerstören vermag. Und der Zorn Satans ist machtlos gegen die Engel Gottes.»

Da kamen Alle zu Jesus, und mit lautem Geschrei bestürmten sie ihn mit den Worten: «Meister, hab Mitleid mit ihm, denn er leidet mehr als wir alle; und wenn du nicht sofort Satan aus ihm hinaus wirfst, so befürchten wir, daß er nicht bis morgen leben wird!»

Und Jesus antwortete ihnen: «Groß ist euer Glaube. Es sei also nach eurem Glauben, und ihr werdet bald von Angesicht zu Angesicht sehen das fürchterliche Benehmen von Satan und die Macht des Sohns des Menschen. Denn ich werde aus dir hinaus werfen den mächtigen Satan durch die Kraft des unschuldigen Lammes Gottes, des schwächsten Geschöpfs des Herrn. Denn der heilige Geist Gottes macht den Schwächsten stärker als den Stärksten.»

Und Jesus molk ein Mutterschaf, das da im Gras weidete. Und er schüttete die Milch auf den Sand, der von der Sonne erhitzt war, indem er sagte: «Siehe, die Macht des Engels des Wassers ist in diese Milch eingegangen; und nun wird der Engel des Sonnenscheins ebenfalls in sie eingehen.» – Und die Milch wurde heiß von der Kraft der Sonne. – «Und nun werden der Engel des Wassers und jener der Sonne sich vereinigen mit dem Engel der Luft» – Und siehe! der Dampf der heißen Milch begann, langsam in die Luft aufzusteigen. – «Komm nun und atme durch deinen Mund die [vereinte] Kraft der Engel des Wassers, des Sonnenscheins und der Luft ein, sodaß sie in deinen Leib eintreten kann und Satan aus dir hinaus werfen kann.»

Und der kranke Mann, den Satan so quälte, atmete den aufsteigenden weißlichen Dampf tief ein. – «Sogleich wird Satan deinen Leib verlassen, denn seit drei Tagen hungert er und findet keine Nahrung in dir. Er wird aus dir heraus kommen, um seinen Hunger zu stillen mit der heißen dampfenden Milch, denn diese Nahrung findet Belieben in seiner Wahrnehmung. Er wird ihren Geruch riechen und unfähig sein, dem Hunger zu widerstehen, der ihn bereits seit drei Tagen quält. Aber der Sohn des Menschen wird seinen Leib zerstören, damit er niemanden mehr quälen kann.»

Da wurde des Mannes Leib gepackt von einem Schüttelfieber, und er würgte, als ob er sich erbrechen wollte; aber er konnte es nicht. Und er schnappte nach Luft, denn sein Atem stand still. Und er fiel in Ohnmacht in Jesu Schoß. – «Nun verläßt Satan seinen Leib. schaut ihn an!» – Und Jesus zeigte auf des Mannes offenen Mund. – Da sahen sie alle mit Verblüffung und Schrecken, daß Satan aus seinem Mund heraus kam in der Form eines abscheulichen Wurms – stracks zu der dampfenden Milch. Da nahm Jesus zwei scharfe Steine in seine Hände und zerschmetterte den Kopf von Satan und zog aus dem kranken Mann den ganzen Leib des Monstrums heraus, das war fast so lang wie der Mann. Als der scheußliche Wurm aus des kranken Mannes Kehle heraus kam, kam dessen Atem sofort zurück; da hörten alle seine Schmerzen auf. Und die Übrigen schauten voller Entsetzen auf den abscheulichen Leib von Satan.

«Sieh, was für ein scheußliches Vieh du während langer Jahre in deinem Leib herumgetragen und genährt hast. Ich habe es aus dir hinausgeworfen und getötet, auf daß es dich nie mehr quälen könne. Sag Gott Dank, daß seine Engel dich frei gemacht haben, und sündige nicht mehr, damit Satan nicht in dich zurück kehre. Laß hinfort deinen Leib ein gottgeweihter Tempel sein!» –

Und sie waren alle verwundert über seine Worte und über seine Macht. Und sie sagten: «Meister, du bist tatsächlich Gottes Botschafter und kennst alle Geheimnisse!» – «Und ihr», sagte Jesus, «sollt wahre Söhne Gottes sein, auf daß auch ihr an seiner Macht Anteil erhaltet, und an der Kenntnis aller Geheimnisse! Denn Weisheit und Macht können nur aus der Liebe Gottes kommen. –

Liebet daher euren Himmlischen Vater und eure Mutter Erde aus eurem ganzen Herzen und mit eurem ganzen Geist. Und dienet ihnen, auf daß ihre Engel euch ebenso dienen können. Laßt alle eure Handlungen geheiligt sein für Gott. Und füttert nicht Satan; denn der Lohn der Sünde ist der Tod. Bei Gott aber ist der Lohn des Guten, nämlich Kenntnis und die Macht des ewigen Lebens.» –

Und sie knieten alle nieder, um Gott für seine Liebe Dank zu sagen.[22] – Und Jesus verließ sie, indem er sagte: «Ich werde wiederkommen zu Allen, die ausharren in Gebet und Fasten, bis zum siebenten Tag. –

Der Friede sei mit euch!»

Lovis Corinth: Ecce Homo (1925). – Öffentliche Kunstsammlung, Basel

Das essenische Buch der Schöpfung

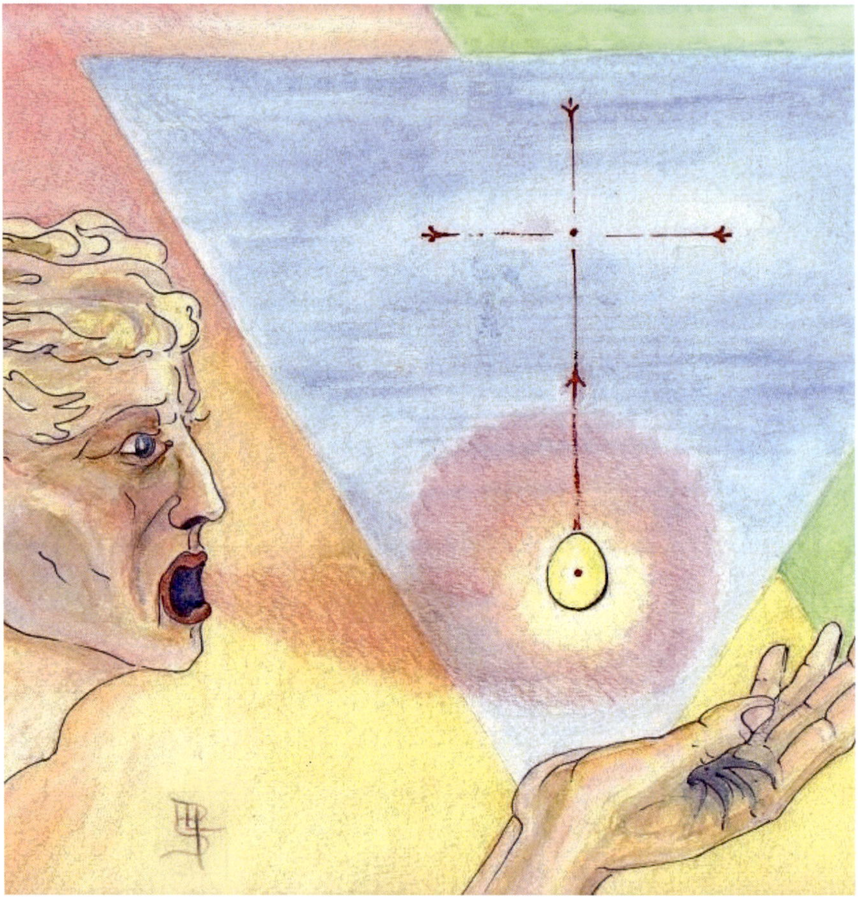

DIE ERSCHAFFUNG VON HIMMEL UND ERDE

Das erste Kapitel der *biblischen Genesis* beginnt mit den Worten: *«Im Anfang erschuf Gott Himmel und Erde»*. – Die Essenische Schöpfungsgeschichte hingegen sagt etwas ganz Anderes: *«Ohne Anfang erschafft das Gesetz Denken und Leben»*. – Also: *«Ohne Anfang»* anstatt *«im Anfang»* – und an Stelle von *«Gott»* das hebräische ‹Tetragrammaton›: יהוה – das bedeutet gemäß essenischer Tradition: *«das Gesetz»*. Der essenische Text hat *«erschafft»* in der Gegenwartsform, anstatt der Vergangenheitsform *«erschuf»*, während anstatt *«Himmel»* das Wort *«Denken»*, und anstatt «Erde» das Wort «Leben» – oder allenfalls «lebende Substanz» steht. Diese eröffnenden Worte der biblischen Genesis waren ein Gegenstand für viel Literatur und große Kontroversen; es wird daher gut sein, jedes Wort im exoterischen ebenso wie im esoterischen Text zu erwägen.

«Im Anfang ...»

Die Worte für *«im Anfang»*, womit der offizielle Text eröffnet wird, sind tatsächlich völlig bedeutungslos. Sie bezeichnen keine besondere Zeitperiode; und selbst wenn man annehmen wollte, sie bedeuteten ein bestimmtes Datum oder einen bestimmten Zeitpunkt, können sie eine solche Bedeutung bezüglich des Universums nicht besitzen, weil dieses keinen Anfang hat. Messungen über Raum und Zeit sind anwendbar auf Teile des Universums; aber obschon wissenschaftliches Forschen stets anwächst und immer tiefer eindringt in den kosmischen Raum, hat die Wissenschaft doch nicht vermocht, räumliche oder zeitliche Grenzen des Universums zu entdecken und zu beweisen. Dieselbe eine Ewigkeit liegt hinter uns und vor uns. Die Existenz des essenischen Buchs der Schöpfung mit seiner Ausdrucksweise: *«Ohne Anfang»* zeigt, daß *«Im Anfang»* nicht die ursprünglich verwendete Wendung war; – und dieser Text ist viel älter als jener der Bibel! –

Alle großen Lehren haben die Tendenz, auf das Niveau populären Verständnisses heruntergebracht zu werden. Da die Ausdrucksweise *«ohne Anfang»* für den Durchschnittsmenschen, der nicht gelernt hat, tief nachzudenken, nicht leicht zu verstehen ist, ersetzte die offizielle Hierarchie sie durch ein für Jedermann leichtverständliches: *«Im Anfang»*. – Das menschliche Hirn ist dazu erzogen, in Anfängen zu denken. Da ist der Beginn eines Tags, einer Nacht, eines Jahrs oder von Ferien. Auch alle menschlichen Aktivitäten haben ihren Beginn. Die Phrase *«Im Anfang ...»* ist also ein Zugeständnis an die stereotype menschliche Denkweise. Aber das Universum kann nicht in Ausdrücken wie «Anfang» gemessen werden.

«... erschuf ...»

Das nächste Wort im ersten Vers des biblischen Texts heißt *«erschuf»*. Der Mensch hat sich den Prozeß des Erschaffens in verschiedenen Zeiten auf verschiedene Arten vorgestellt – aber stets auf begrenzte Weise. Die

Einen glauben, die Schöpfung sei eine einmalige, momentane Handlung eines auf mancherlei Weise vorgestellten Wesens gewesen: eine Handlung, beschränkt auf einen bestimmten Teil der Natur des Universums, also auf einen bestimmten Teil von Raum und Zeit. Der Mensch war stets geneigt, sich die Schöpfung als einen stark vergrößerten menschlichen Akt zu denken, etwa wie das Erbauen eines Hauses. Aber gemäß den Essenischen Überlieferungen geschieht die Schöpfung fortlaufend, unbegrenzt in Zeit und Raum. Sie geschieht wie sie seit je geschah: sie ist ein ewig-gegenwärtiger und universeller Prozeß. Sie ist nicht auf unseren Planeten beschränkt, noch auf dessen Bewohner.

Unbegrenzt in Zeit und Raum oder Form geschieht anhaltend Schöpfung überall im unbegrenzten Universum. Diese alte Essenische Vorstellung von Schöpfung wird durch die heutige Philosophie und Kosmologie bestätigt. Astrophysik und Astrochemie haben gezeigt, daß es im [inter]kosmischen Raum riesige Gebiete gibt, wo Materie zu entstehen im Begriff ist, wo also in jedem Augenblick (und gerade jetzt) Materie und Energie in einer unendlichen Vielfalt von Varietäten erschaffen wird.

Außer im stofflichen Universum setzt sich die Schöpfung unaufhörlich im menschlichen Bewußtsein fort: Unabhängig von Raum und Zeit entstehen ständig Gedanken. Große Musiker erschaffen Symphonien, große Maler erschaffen Gemälde, die in ihrem Bewußtsein entstehen und stoffliche Form annehmen. Das Gesetz erschafft ohne Unterbruch – im menschlichen Bewußtsein ebenso wie im stofflichen Universum. Indem wir mit dem Gesetz mitarbeiten, indem wir selbst Teil des Gesetzes sind, sind wir seine Mit-Schöpfer. So ist die Vorstellung zur Schöpfung, die sich im Essenischen Buch der Schöpfung findet, das viel früher niedergeschrieben wurde, als das erste Buch Mose. Letzteres – ebenso in Hebräisch verfaßt – ist der exoterische Ausdruck, die exoterische Deutung des esoterischen Buchs der Schöpfung der Essener, das selber zur Zeit von Mose entstand.[23]

«... Gott ...»

Das ist das nächste Wort des exoterischen Texts. Das erste Kapitel von *Genesis* erzählt uns, Gott habe den Menschen erschaffen nach seinem eigenen Bild; aber die Geschichtsschreibung aller Zeitalter zeigt den entgegengesetzten Prozeß, wonach der Mensch dauernd Götter nach seinem eigenen Bild erschafft. – Verschiedene Völker in verschiedenen Epochen haben Idole von vielfacher Art geschaffen, die sie als ihre Götter definierten. Einmal hielten sie einen Felsbrocken für ihren Gott, dann eine Pflanze, ein Tier oder einen Baum. Manchmal war es die Erde selbst. – Oder sie verehrten die Sonne oder den Mond wie Götter – oder einen bestimmten Stern, oder ein Sternbild am Himmel.

Zu anderen Zeiten wieder hatten Menschen einen Fluß als Gott, oder einen Wind, oder den Wirbelsturm – oder sogar den Ozean. In allen Zeiten verfiel der Mensch dem Irrtum, Gott mit einer stofflichen Manifestation zu identifizieren, indem er Gott eine konkrete Form gab und die Gottheit in irgend ein konkretes natürliches oder künstliches Ding einsperrte. Wenn das Wort «Gott» im Essener Buch der Schöpfung benutzt wird, geschieht es nie in einer dieser Bedeutungen.

Zu einer späteren Zeit erschuf der Mensch Gott nach seinem Bilde und stellte ihn als einen würdigen alten Mann mit einem langen Bart dar, der in den Wolken wohnt, der denkt wie ein Mensch, zornig wird wie ein Mensch und belohnt und straft, entsprechend seiner stets sich ändernden Laune. Man dachte sich, Gott sei nichts als ein übergroßer Mensch, der über Riesenkräfte und Allwissenheit verfügte. – Das Essenische Buch der Schöpfung schreibt von keinem solchen anthropomorphen Gott.

Dann wiederum, als Philosophie und menschliche Geistesgeschichte sich entwickelten, schufen die unterschiedlichen metaphysischen Schulen unterschiedliche Gottheiten, entsprechend ihrer eigenen Denkweise, Logik und Phantasie. Einige metaphysische Systeme betrachten Gott als Gewalt, während andere ihn für die Liebe halten, oder für die Weisheit, oder für die Wahrheit. – Große Philosophen haben gesagt, Gott sei die Natur – oder das Universum selber. Andere wieder haben behauptet, Gott sei Vernunft.

Alle diese philosophischen und metaphysischen Systeme verfallen dem Irrtum, Gott mit einer abstrakten, unstofflichen Manifestation zu vergleichen. Sie begrenzen Gott ganz ebenso wie einst die primitiven Götzen-Verehrer mit ihren konkreten stofflichen Formen. Dass Essenische Buch der Schöpfung begrenzt Gott in seiner Deutung weder auf eine stoffliche, noch auf eine unstoffliche Manifestation.

In den alten Essener-Texten wird Gott stets im Zusammenhang mit dem Wort *«Gesetz»* erwähnt. Dieses Wort hat im Lauf der Jahrhunderte mehrere Bedeutungen erhalten. Gegenwärtig deutet es unglücklicherweise etwas ganz Anderes an, als was es vor Jahrtausenden wirklich meinte. Für uns Heutige bedeutet es vorallem eine von Menschen aufgestellte Regel oder Vorschrift, wie das Edikt eines Königs, Diktators oder Parlaments. Gesetze dieser Art sind gewöhnlich von Land zu Land und von Zeit zu Zeit verschieden. – Dann gibt es auch noch die wissenschaftlichen Gesetze betreffend die Natur und das stoffliche Universum: Auch diese verändern sich von Zeit zu Zeit – und gemäß dem veränderten Entwicklungsstand der Menschheit.

Die wissenschaftlichen Gesetze von vor einem Jahrhundert sind heute keine Gesetze mehr; und die heutigen wissenschaftlichen Gesetze werden in einem weiteren Jahrhundert verschwunden sein[24]. – Was bedeutet dies nun? Es bedeutet nicht, daß die Gesetze von Universum und Leben heute Andere wären als Hunderte von Tausenden von Jahren zuvor, oder als sie in Hunderten von Tausenden von Jahren sein werden. Diese Gesetze bleiben sich gleich – ob Vergangenheit, Gegenwart oder Zukunft. – Es bedeutet allein, daß unser Begriff betreffend diese Gesetze sich ständig wandelt, so wie unsere Kenntnis und unser Bewußtsein zunehmen und vielseitiger werden[25].

Die Geschichte menschlichen Denkens, von Philosophie und Wissenschaft besteht aus nichts als einer sehr langen Reihe hypothetischer Gesetze

– aufgestellt von Menschen im Angesicht ständig sich verändernder Ansichten ein und derselben Wirklichkeit. Es ist selbstverständlich, daß die Essener-Überlieferungen weder auf menschliche gesellschaftliche noch auf von Menschen erfundene wissenschaftliche Gesetze Bezug nehmen, wenn sie im Hinblick auf Gott von *«Gesetz»* sprechen.

Gemäß den Essenern und den großen Denkern aller Zeiten ist *Das Gesetz* überall und hinter Allem. Es gibt ein Gesetz, nach welchem ein Stein fällt, Berge und Meere sich bilden, Sonne und Mond kreisen. In Übereinstimmung mit ihm dreht sich die Erde, entstehen und vergehen Sonnensysteme, bewegen sich Atome und Moleküle. Alle Erscheinungen von Leben erscheinen, werden transformiert und verschwinden wieder – gemäß dem Gesetz. Und es geschieht ebenso, daß Ideen, Begriffe, Empfindungen, Intuitionen und logische Konstruktionen einander unaufhörlich folgen, gemäß dem endlosen Fluß unseres Bewußtseins.

Alles was existiert – konkret oder abstrakt, stofflich oder unstofflich – folgt dem Gesetz. Es ist dieses Gesetz, das ständig hinter Allem steht und alles lenkt, was die Essener in ihrem alten Text symbolisch ausdrückten. Durch spätere Interpretationen wurde dieses Gesetz mit etwas Beschränktem, Einseitigem und Abstraktem gleichgesetzt, während es ursprünglich als über allen Beschränkungen stehend konzipiert war – gestaltlos, wie eine mathematische Gleichung gestaltlos ist. – Es ist allgegenwärtig, und es ist auch all-mächtig; denn alles was im Universum geschieht, wird gelenkt durchs Gesetz und geschieht in Übereinstimmung mit ihm. Mehr noch: Es ist all-wissend, denn in ihm ist enthalten die Gesamtheit aller Gesetze, die alle Dinge lenken, und die Gesamtheit allen Wissens im gesamten Universum – allseitig und unbegrenzt. – In einem Wort: Dieses Gesetz enthält alle Attribute, die in allen Zeiten durch alle Religionen und alle philosophischen und wissenschaftlichen Systeme Gott zugeschrieben wurden.

Dem mag man entgegenhalten, daß gemäß dieser Interpretation Gott, das ewige und universelle Gesetz, unpersönlich wird, zu kalt und zu weit entfernt. Diese Vorstellung paßt nicht ins populäre Bild eines Himmlischen Vaters, der in einer warmen und engen Beziehung zu uns steht; der uns beschützt und uns in unserem Leid hilft; der ein persönliches Interesse an unserem Leben hat. – Doch diese Entgegnung basiert auf einem Mißverständnis und auf der Unfähigkeit, das Gesetz in seinem vollen Umfang zu würdigen. Das Gesetz ist unser Lehrer, der uns alles lehrt, was wir wissen sollten und wissen müssen. Es zeigt uns jeden Tag alle Wahrheiten, worauf unser Leben beruht. Indem es uns lehrt, beschützt uns das Gesetz zugleich. Es führt uns sicher durch alle Probleme und Hindernisse, durch alle Schwierigkeiten hindurch und zeigt uns jederzeit den rechten Weg und die gute Lösung. Das Gesetz hat ein Interesse an unserem Leben und unseren Aktivitäten, denn es belohnt uns wann immer und wo immer wir in Übereinstimmung mit ihm handeln und leben. Das Gesetz belohnt uns besser als ein Vater; denn das Gesetz macht keine Fehler. Es ist unser bester Lehrer, Führer und Beschützer. Weichen wir vom Gesetz ab, werden wir bestraft wie durch einen Vater; doch in Wirklichkeit kommt diese Bestrafung nicht vom Gesetz, sondern von uns selber.

Wir bestrafen uns selbst, wenn wir vom Gesetz abweichen, weil das Gesetz gut ist, denn es ist nicht nur all-gegenwärtig, all-mächtig und all-wissend, sondern ebenso all-liebend. Das Gesetz liebt uns selbst wenn wir uns von ihm entfernen und unsere eigene Bestrafung hervorrufen. Und diese Bestrafung ist nichts Negatives, sondern sie dient einem positiven Zweck und erzeugt eine positive Wertigkeit. Durch unser Abweichen und deren Folgen erwerben wir Kenntnis und Erfahrung, sodaß wir in der momentanen Niederlage die Voraussetzung für künftige Siege aufbauen. Das Gesetz ist in uns selber. Was immer in unserem Leib oder in unserem Bewußtsein geschieht, geschieht in Übereinstimmung mit ihm.

Denn das Gesetz ist allgegenwärtig; und wo immer wir sind, da sind wir selber Manifestationen des Gesetzes. Wir sind Teil von ihm, so wie ein Wassertropfen Teil des Ozeans ist. – Das Gesetz ist eine Quelle von Energie, Kenntnis und Harmonie für uns selbst. Wir arbeiten mit ihm zusammen, wenn wir seiner bewußt werden, wenn wir es verstehen und benutzen. So sieht das Gesetz aus, wodurch und womit die Essener in ihren alten Texten Gott zum Ausdruck brachten.

«... den Himmel und die Erde ...»

Aus dem bereits Gesagten wird klar, daß in diesem Satz das Wort *«Erde»* nicht allein unseren Planeten meint, und daß mit *«Himmel»* nicht das Blau über uns gemeint ist. Wie wir aus der Astrologie der Ägypter, Babylonier, Perser und Sumerer wissen, waren sich die alten Essener im Allgemeinen, und besonders Mose, der die astronomischen Kenntnisse besaß, die diese Überlieferung enthielt, bewußt, daß die Erde nicht der einzige Planet im Universum ist. Sie wußten, daß andere Planeten in unserem Sonnensystem sind, und daß es eine unendliche Zahl riesiger Galaxien im unendlichen Universum gibt.

Es ist offensichtlich, daß die Essener die andauernde Schöpfung durchs Gesetz nicht auf unsere Erde beschränkten – dieses einzelne winzige Partikelchen im Universum. Wenn sie den Ausdruck *«Erde»* benutzten, meinten sie die Gesamtsumme aller Planeten im interkosmischen Raum. Dementsprechend sprachen sie von einem kosmischen Ozean des Lebens, der aus der Gesamtheit lebender Wesen auf allen Leben enthaltenden Planeten im interkosmischen Raum besteht. Der genaue Ausdruck, dessen sie sich bedienten – *«lebender Stoff»* – erklärt sich aus ihrer Auffassung von Leben und Stoff. Die alten essenischen Texte machen keinen wesentlichen Unterschied zwischen organischem und anorganischem Stoff.

In der Sicht des Buchs der Schöpfung enthält jeglicher anorganische Stoff in sich selber die Potentialität von Leben, und wo immer und wann immer die Voraussetzungen für Leben auftauchen, wird anorganischer Stoff sich in organischen, lebendigen Stoff verwandeln. Weil diese Potentialität zu einer Realität werden muß, verschmolzen sie also die beiden Ausdrücke *Stoff»* und «Leben» in einen einzigen Ausdruck: «lebender Stoff». — Unter dem Wort «Erde», welches das exoterische Buch der Schöpfung benutzt, verstanden die Essener die Gesamtsumme aller Planeten und aller Formen von Leben auf diesen Planeten. Um diese Gesamtheit auszudrücken, benutzt das essenische Buch der Schöpfung den Ausdruck *«kosmischer Ozean des Lebens»*.

Wenden wir uns nun dem Wort *«Himmel»* zu: Mit diesem Ausdruck meinten die Essener nicht den Himmel und das Firmament, die unseren Planeten umgeben. Gemäß dem Buch der Schöpfung von Mose gibt es außer dem kosmischen Ozean des Lebens einen weiteren kosmischen Ozean, den die Essener *«kosmischer Ozean des Denkens»* nannten. Entsprechend ihren Überlieferungen bilden die Gedanken und Gedanken-Ströme, hervorgerufen durch alle dominanten Rassen aller Planeten einen unstofflichen kosmischen Ozean. Ebenso wie unser Bewußtsein unstofflich ist, sind auch unsere Gedanken unstofflich. Die alten Essener betrachteten nicht nur lebenden Stoff als eine nicht auf unseren Planeten begrenzte kosmische Funktion; sie betrachteten auch das Denken und Gedanken nicht als eine Funktion, die auf unseren Planeten und die darauf lebenden Menschen begrenzt wäre.[26]

Gemäß der Essenischen Überlieferung bilden die durchs Gesetz unablässig mittels jedes Leben enthaltenden Wesens jedes Planeten geschaffenen Gedanken-Ströme einen mächtigen unstofflichen kosmischen Ozean von Denken und Gedanken, der weder in der Zeit noch im Raum begrenzt ist. Dieser kosmische Ozean verströmt eine Form kosmischer Energie in einer größeren Geschwindigkeit als Schall, Magnetismus, Elektrizität oder Licht: Er stellt die allermächtigste Energie im Universum dar. Es gibt da eine ständige, allgegenwärtige und allmächtige Wechselwirkung zwischen diesem kosmischen Ozean des Denkens und der Gedanken und jedem denkenden Wesen auf allen Planeten.

Dieser Denk-Ozean wird ununterbrochen genährt und angereichert durch jede Bewußtseinsform, durch jedes denkende Wesen auf allen Planeten zusammen; und umgekehrt nährt und bereichert dieser kosmische Ozean das Bewußtsein jedes denkenden Wesens in Übereinstimmung mit dem allgegenwärtigen, allmächtigen und allwissenden Gesetz. Gemäß dem essenischen Buch der Schöpfung besteht eine universelle Solidarität unter allen Formen von Leben auf allen Planeten im Universum und zwischen allen denkenden Wesen auf allen Planeten. Der kosmische Ozean des Lebens und der kosmische Ozean des Denkens bilden eine dynamische Einheit gemäß dem Gesetz, und wir sind ein Teil dieser Einheit. So also sieht aus, was das essenische Buch der Schöpfung unter dem Wort *«Himmel»* versteht.

«Ohne Anfang schafft das Gesetz
das Denken und den lebendigen Stoff».

LICHT, FINSTERNIS UND DAS FIRMAMENT

Der zweite Vers in Genesis ist der wichtigste und zugleich der schwierigste Vers im ganzen Pentateuch. Denn er versucht, das Unaussprechbare auszusprechen, zu erklären was nicht erklärt werden kann, und verständlich zu machen den Anfang dessen was keinen Anfang hat: das Dasein.

Alle großen Bücher der Menschheit haben mit diesem zentralen, offenbar unüberwindbaren Problem gekämpft. – Die *Rig-Veda*, das älteste Buch Indiens, geht auf dieses Problem ein in seinem Schöpfungs-Hymnus:

Damals war nicht Dasein noch Nicht-dasein: Da war keine Wohnung für Luft, und kein Himmel darüber.

Was gab Obdach – und wo? Und was gab Schutz? – War Wasser dort – unmeßbare Tiefe des Wassers?

Tod war nicht dort, noch war dort etwas Unsterbliches; kein Zeichen war da, das Tage und Nächte schied.

Jenes Eine Ding – atemlos, geatmet durch seine eigene Wesensart: nichts außer ihm war da – nichts – was auch immer.

Finsternis war da: Zuerst verhüllt in Finsternis war dieses All ein unscheidbares Chaos.

Was immer dann auch war, war leer und gestaltlos: Aus großer Macht der Wärme wurde geboren diese Einheit.

Danach erhob sich Begierde in diesem Anfang – Begierde, der Ur-Same und Keim von Geist.

Weise, die mit ihres Herzens Denken suchten, entdeckten des Daseienden Verwandtheit mit dem Nicht-daseienden.

Da waren Begatter. Da waren mächtige Kräfte: Freies Handeln war hier, und Energie da oben irgendwo.

In Wahrheit: Wer weiß es und wer kann es hier sicher sagen, woher Es geboren wurde, und woher kam diese Schöpfung?

Die Götter sind später als dieser Welt Hervorbringung: Wer weiß also, woher Es im Anfang ins Sein kam?

Er, der erste Anfang dieser Schöpfung – ob Er Es Alles bildete – oder auch es nicht bildete –

Dessen Auge diese Welt überwacht im höchsten Himmel: Er sicherlich weiß es – oder vielleicht weiß er es nicht ...

Wenn wir dieses größte der Probleme verstehen wollen – nämlich den *Beginn des Anfangslosen* – dann dürfen wir nicht dieselben Maßstäbe des Denkens anwenden wie jene, die wir normalerweise auf Dinge beziehen, die in Zeit und Raum begrenzt sind. Vielmehr müssen wir versuchen, die Dinge nicht als fertig und vollendet zu begreifen, sondern als eine Realität, die in einer ständigen dynamischen Aktivität begriffen ist – eine Realität, die zwar nicht existiert, aber doch lebt und sich bewegt. Diese Realität kann nicht dadurch statisch gemacht werden, daß man einen Querschnitt daraus konstruiert, um den menschlichen Geist zufrieden zu stellen. Im Augenblick wo ein Querschnitt gemacht wird, wird Begrenztheit bewirkt. Dann haben wir etwas was Enden in Zeit und Raum hat; etwas, das nie da war – so wie der Querschnitt von Pflanzen und Bäumen in botanischen Lehrbüchern. In Wirklichkeit ist die Pflanze oder der Baum in einem Zustand der Lebendigkeit; aber sobald sie durchgeschnitten sind und ein Querschnitt davon gemacht wird, sind sie nicht länger aktiv. So ein Querschnitt wird allein erstellt, um die Einzelheiten von Pflanze oder Baum zu untersuchen und deren verschiedene statischen Verhältnisse zu verstehen.

Ein analoges Prinzip gilt für das Problem der Schöpfung: Im Allgemeinen versuchen die großen heiligen Schriften der Menschheit – und dies sehr oft im ersten Kapitel – mit begrenzten Worten für beschränkte Geister etwas zu erklären, das nie war: den Beginn des Universums – den Beginn des Daseins – den Beginn dessen, was keinen Anfang hat. Sie präsentieren einen Querschnitt der Wirklichkeit und stellen ihren Lesern das Maximum dar von dem, was Jene gerade noch begreifen können.

Die Bücher erstellen einen Querschnitt des Universums, um ein Ausdrucks-Mittel anzubieten, das für den durchschnittlichen Verstand begreifbar ist. Solche Passagen in den großen Büchern der Menschheit müssen daher als Zugeständnisse des jeweils betreffenden Lehrers angesehen werden, in seinem Bemühen, in begrenzter und begreifbarer Weise darzustellen, was unbegreiflich ist: eben den Beginn dessen, was keinen Anfang hat.

Um nun in die esoterische Bedeutung des zweiten Verses des Buchs Genesis und in jene der zitierten Stelle aus der Rig-Veda einzudringen, wenden wir uns dem Essener-Buch der Schöpfung zu: Die ersten paar Verse dieses Werks befassen sich mit Ursprung und Entwicklung des anfangslosen und endlos spiraligen Universums sowie mit Ursprung und Entwicklung des stofflichen Universums; und sie fahren fort mit der Beschreibung der verschiedenen Evolutions-Phasen auf unserem Planeten und seinem irdischen Leben.

Im Essener-Buch der Schöpfung, findet man Verse 2 und 3 des ersten Kapitels der biblischen Genesis, aber in umgekehrter Reihenfolge. Der Satz: *«Und Gott sagte: „Es werde Licht!" – und es ward Licht»* wird im Allgemeinen von Bibelkritikern (denn sie übersehen die esoterische Bedeutung des Texts) *nach dem Buchstaben* gedeutet, und nicht nach dem *Geist.* Sie nehmen den Text wörtlich, in der Meinung, es handele sich um optisches Licht, was sie folglich dazu bringt, zu sagen, es sei ein Unsinn, von Licht zu sprechen, bevor Sonne und Mond erschaffen waren.

Im Essener-Buch der Schöpfung hat Licht zwei Ansichten, und daher auch zwei Bedeutungen: Erstens ist es der universale kosmische Ozean von Denken und Gedanken, oder das kosmische Bewußtsein; – zweitens ist es das menschliche Bewußtsein als ein besonderer Teil des ewigen kosmischen Ozeans des Denkens.

Gemäß dem Essener-Buch der Schöpfung ist dieses kosmische Bewußtsein die Grundlage des geistigen Universums, und es lenkt alle Ausdrucksformen von Leben auf allen Planeten im interkosmischen Raum. Jeder Denkkörper steht in innerer Verbindung damit. Von ihm gehen vielfache Gedankenströme aus und in jeden individuellen Denkkörper ein. Zu ihm hin drängen alle Gedanken aller Wesen aller Planeten. So sieht das ‹Licht› aus, worauf das Essener-Buch der Schöpfung sich bezieht.

Es ist selbst-klar, daß dieser ewige kosmische Ozean des Bewußtseins der Bildung unseres Planeten voran ging. Diese ersten wenigen Verse im Essener-Buch der Schöpfung handeln vorallem vom geistigen Universum sowie vom stofflichen Universum, und erst dann sprechen sie von der Bildung und Entwickelung der Erde: unseres Planeten. Der Text im Essener-Buch der Schöpfung ist ganz ähnlich wie jener der biblischen Genesis: *«Und das Gesetz sagte: Es soll Licht da sein – und da war Licht.»*

Danach kommt, was Vers 2 im *Buch Genesis* sagt: *«Und die Erde war ohne Form und leer, und Finsternis war über den Tiefen des Abgrunds. Und der Geist Gottes bewegte sich über das Antlitz der Wasser.»* –

Heutige Kosmologie stimmt mit der *Genesis* völlig überein: daß nämlich unser Planet, als er seine Gestalt anzunehmen begann, *«ohne Gestalt und leer»* war. Die Erde war ein Teil einer kosmischen *Nebula*, und *«Finsternis war über dem Antlitz des Abgrunds»*. – *«Finsternis»* bedeutet im Essener-Buch der Schöpfung *«Abwesenheit von Bewußtsein – von Denken»*.

In der Anfangsphase der Entwicklung unseres Planeten waren nirgends irgendwelche lebenden Wesen – und folglich auch keine Bewußtheit: Der Mensch war noch nicht aufgetreten.

«Und der Geist Gottes bewegte sich über den Wassern». – Alles was es rund um diesen formlosen Teil eines Spiralnebels gab, der kaum erst sich zu kondensieren begonnen hatte, war der Geist Gottes. Der ewige kosmische Ozean des Denkens *«bewegte sich über dem Antlitz der Wasser»*. – Aber die Voraussetzungen für [physisches] Leben waren zu diesem frühen Zeitpunkt des Lebens und der Entwicklung dieses Planeten noch nicht erschienen – und ebenso auch noch nicht die Bedingungen fürs Denken: Gottes Geist, der sich über den Wassern bewegte, umhüllte diesen Planeten in dessen embryonalem Zustand.

Vers 4 der biblischen Genesis sagt: *«Gott schied das Licht von der Finsternis»*. – Wenn dieselbe Zeile im Essener-Buch der Schöpfung erscheint, dann gilt sie fürs gesamte Universum.

Derselbe Gedanke und dieselben Worte erscheinen in einer anderen großartigen Heiligen Schrift der Menschheit: im *Zend-Avesta* des *Zarathustra*. Das erste Kapitel des *Zend-Avesta* spricht von zwei Reichen des Universums – nämlich vom geistigen und vom stofflichen Universum – und das sind das Reich des Lichts (von Ormuzd) und das Reich der Finsternis (Ahriman).[27] – Ormuzd und Ahriman sind die Ausdrücke von Zarathustra. Die verschiedenen Versuche im Westen, die avestische Kosmologie zu erklären, fallen alle derselben irrtümlichen Meinung zum Opfer, das Reich des Lichts, von Ormuzd stelle das Gute dar, und das Reich von Ahriman: das Böse.

Das *Zend-Avesta* sagt nichts dergleichen. Gemäß diesem Buch stellt das Reich von Ahriman nichts als die *Abwesenheit von Licht* dar, da es alle potentiellen Möglichkeiten und Voraussetzungen enthält[28], und es wird in einem späteren Entwicklungszustand selber Licht werden. Das ist keine Frage von Bosheit, sondern allein die Abwesenheit von Licht – in der esoterischen Bedeutung: Mangel an Bewußtsein. – Im unbegrenzten kosmischen Raum gibt es jederzeit Millionen von Sonnensystemen und Planeten in diesem Zustand des Werdens, wo die Voraussetzungen für Denken und Bewußtsein noch nicht gegeben sind. Dort herrscht also ‹Finsternis› – die Abwesenheit von Licht bzw. von Bewußtsein. Sobald jedoch ein Planet den Entwicklungsstand erreicht, wo die Herrscher-Rassen mit ihren Denkkörpern erscheinen, tritt das Licht aus dem unbegrenzten ätherischen Ozean des Universums in ihn ein.

Diese Scheidung von geistigem und stofflichem Universum in ein Reich des Lichts und ein Reich der Finsternis findet man nicht nur in der Bibel und im Zend-Avesta, sondern in allen Heiligen Schriften der Menschheit. Wenn die biblische Genesis sagt, daß Gott das Licht von der Finsternis schied, dann bezieht es sich auf dieses selbe grundlegende Prinzip universellen Lichts sowie auf die Finsternis, die alle Möglichkeiten von Licht besitzt und dazu bestimmt ist, selbst Licht zu werden.

Etwas Wichtiges gilt es zu betonen: In all diesen ersten Versen des Buches *Genesis* ist von *Wasser* die Rede: *Die Wasser – das Antlitz der Wasser – die Tiefen der Wasser – das Firmament der Wasser – die Trennung der Wasser* – sie sind ein beherrschendes Bild, das durch alle acht Verse des ersten Kapitels von Buch *Genesis* läuft. Ähnlich wird Wasser im Schöpfungshymnus der *Rig-Veda* erwähnt: *«War Wasser dort – unmeßbare Tiefen des Wassers?»* – Und in einem anderen Vers: *«Seit der Zeit, da die mächtigen Wasser erschienen, die den universellen Keim enthielten».* – Dieselbe betonte Erwähnung von Wasser findet sich auch im ersten Kapitel des *Zend-Avesta* des Zarathustra.

Aus welchem Grund nehmen die großen Bücher der Menschheit und ihre Autoren Bezug aufs Wasser, wenn sie das geistige und stoffliche Universum sowie das universelle Leben erklären möchten? Eine der ältesten essenischen Traditionen benutzt Wasser in seinen verschiedenen Eigenschaften und Erscheinungsformen, um die Komplexität und Vielfalt universellen Lebens zu erklären. Diese Tradition ist einer sehr alten Sumerischen Quelle entnommen, aus welcher Zarathustra sie fürs *Zend-Avesta* übernahm, die Autoren der Veden für die *Rig Veda*, und Mose fürs biblische Buch *Genesis*.

Ein anderer großer Lehrer, Buddha, benutzte das Wasser, um seinen Jüngern sein Denk-System zu erklären. Er sagte, Wasser sei einer seiner Lehrer. Wenn er *Samsara*, den ewig kreisenden Strom des Lebens vergleichen wollte mit dem, was unerschaffen und ohne Ende ist, verglich er die verschiedenen Erscheinungsformen mit den Wellen des Ozeans und mit den Flüssen, die erscheinen und dann verschwinden im Ozean, dem Großen

Wasser, das sich selbst immer gleich bleibt. Dieses Gleichnis, das der Buddha benutzte, ist ein spätes Echo der alten essenischen Tradition aus sumerischer Quelle, welche das universelle Leben als einen Ozean, die Lebewesen aber als Wellen auf diesem Ozean betrachtete. – Qualitativ ist individuelles Leben im Wesentlichen dasselbe wie das universelle Leben, von dem es ein Teil ist. Aber eine Welle ist nicht der Ozean; und der Ozean ist mehr als eine Welle.

In allen esoterischen Texten der Heiligen Schriften der Menschheit werden physische materielle Körper mit festen Stücken von Eis verglichen, das unter bestimmten gegebenen Bedingungen – eine Veränderung der Außentemperatur – in eine andere Form von Leben verwandelt wird. Ein Stück Eis darf nicht als leblos betrachtet werden, denn es enthält alle Potentialitäten lebendigen Wassers: Sobald die nötigen Voraussetzungen gegeben sind, wird es sich in Wasser verwandeln. In der alten essenischen Tradition wird Wasser mit dem Empfindungsleib verglichen. Später, wenn eine weitere Veränderung der Verhältnisse festzustellen ist, wird das Wasser in Dampf verwandelt werden – und dieser Dampf wird mit dem Denkkörper verglichen. Der wässerige Ozean wird verglichen mit der irdischen (planetaren) Denk-Atmosphäre; das Eis, welches das Wasser bedeckt, mit den physischen Körpern.

Gemäß dieser alten essenischen Tradition gibt es eine einzige Einheit des Lebens von vielerlei Ansichten und Erscheinungsformen: dem stofflichen Körper, dem Lebensleib, dem Empfindungsleib, dem Denkkörper – und diesen entsprechen Eis, Wasser und Dampf. Sie beschreibt, wie Eis dauernd zu Wasser zerfließt, und wie Wasser dauernd zu Wolken verdampft wird. – Sie erklärt das Niederfallen des Regens auf die Berge, das Zusammenfließen kleiner Bäche zu großen Flüssen, und das Einmünden großer Flüsse ins Meer. Dann wird das Wasser in Form von Dampf dem Ozean entnommen, steigt als Regen auf die Höhen nieder, und wiederum beginnt derselbe Kreislauf. Es gibt also eine dynamische Einheit und endlose Wechselwirkung zwischen den unterschiedlichen Arten und Erscheinungsformen von Leben. In ihrem innersten Wesen sind sie einander alle gleich: Ob Eis, Ozean, Flüsse, Bächlein oder Wolken – es sind stets dieselben zwei Atome von Wasserstoff und das eine Atom von Sauerstoff. Die ewige Abfolge von Verdampfung und Niederschlag bewirkt den nie endenden Kreislauf des Lebens in allen seinen Erscheinungsformen.

Diese essenische Tradition erklärt ebenfalls den Bezug zwischen dem Stoffkörper, dem Empfindungsleib und dem Denkkörper. Sie erklärt den Ozean dieses Planeten mit der irdischen ‹Atmosphäre› von Empfindungs-Strömen. Diese Atmosphäre umgibt unseren Planeten; und in ihm sind enthalten die Empfindungsleiber aller einzelnen Lebewesens, in stetiger Wechselwirkung. Ströme von Empfindungen werden unablässig durch unsere Empfindungsleiber geschaffen. Sie treten ein in die irdische Empfindungs-Atmosphäre, aus der wiederum unsere Empfindungsleiber Zustrom erhalten. Die Wolken stellen die irdische Denk-Atmosphäre dar, die unsern Planeten umgibt, zu der alle Gedanken unserer Empfindungsleiber hin strömen, und woraus umgekehrt unsere Empfindungsleiber Gedankenströme empfangen. Das ist de ununterbrochene Wechselwirkung zwischen allen einzelnen Empfindungsleibern und der irdischen Denk- oder Gedanken-Atmosphäre.

Nachdem es das geistiges und das stoffliche Universum mit Hilfe von Vergleichen erklärt hat, fährt das Buch *Genesis* fort, indem es von den unterschiedlichen Graden der Evolution unseres Planeten bis vor das Erscheinen des Menschen erzählt. Die uralten Intuitionen stehen in völliger Übereinstimmung mit heutiger Paläontologie und Geologie, was diese Fragen betrifft. Der Bericht von Mose über diese Stufenfolge der Entwicklung entspricht genau dem, was moderne Wissenschaften sagen.

Wir müssen versuchen, uns den Planeten in seiner ursprünglichen Form vor Augen zu halten: Als einen feurigen Gaskörper, bedeckt von Dampf und umgeben vom kosmischen Äther (Ursubstanz). Leben erschien zuallererst in der Atmosphäre zwischen den beiden äußeren Extremen. Die dazwischen liegende Dampf-Sphäre lieferte die erste Vorbedingung für Leben: eine günstige Temperatur. Der feurige Gaskörper war für Leben zu heiß, und der kosmische Äther war zu kalt. In der Dampfbeladenen Atmosphäre wurden die Potentialitäten für Leben als Erstes in ein einzelliges Lebewesen übersetzt: die Amöbe.

Das Leben dieser uranfänglichen Amöben war äußerst kurz: Sobald eine Strömung in der Dampf-Atmosphäre sie hinunter in die extreme Hitze oder empor in die extreme Kälte trugen, verschwanden sie. Im Anfang war das für Leben geeignete Spektrum sehr eng, und die erste Stufe, auf der organisches Leben sich auf diesem Planeten erhalten konnte, war sehr schmal: Das Leben war eng begrenzt und kurz. Indes hatte diese Amöbe mit ihrer kurzen Lebensdauer eine große Wirkung. Denn aus diesem Geschöpf mit einer Lebensdauer von wenigen Minuten und oft ohne die Möglichkeit, sich zu teilen und so Nachkommen zu erzeugen, entwickelte sich später die Herrenrasse der Menschheit mit solch gigantischen Figuren wie ein Zarathustra, ein Mose, Buddha, Jesus, Leonardo da Vinci, Beethoven oder Shakespeare.

Aufgrund der Wirkung des Gesetzes des Lebens ermöglichten die gallertigen Amöben die Bildung einer Reihe höher organisierter Lebewesen, einschließlich einer langen Reihe von Genien, die nicht nur den stofflichen Planeten erstellten, sondern – über ihren Kontakt zum großen kosmischen Quell von Kenntnis, Harmonie und Kraft – auch großartige Meisterwerke kreativen Denkens in allen Sphären von Kunst und Leben. Wenn wir dies als Beweis für die Existenz des Gesetzes dessen ansehen, was das Leben aus einem so dürftigen Beginn aufbauen kann – dann suchen wir nach keinen Wundern mehr, denn keines könnte größer sein als dieses. Die außerordentliche Wirkung des Gesetzes von Leben und Denken ist der größte Beweis für Wahrheit, den man verlangen kann. Das Zauberhafteste ist, daß all diese Wunder unserer Welt bewirkt wurden durch dieses Gesetz, das *«ohne Beginn erschafft ... Denken und Leben»*.

In der biblischen Genesis finden wir den Ausdruck: *«Abend und Morgen des ersten Tags»* – und so fort bis zum siebenten Tag. Um ein klares Verständnis zu gewinnen betreffs dieser Hinweise auf eine Folge von Tagen, müssen wir uns wieder dem Essener-Buch der Schöpfung zuwenden:

Gemäß diesem gab es sieben Entwicklungs-Phasen auf unserem Planeten. In jeder davon erschien eine andere Naturkraft und begann, ihre Wirksamkeit auf der Erde zu zeigen. Beispielsweise begannen, als die dampfförmige Atmosphäre sich klärte, die Sonnenstrahlen die Erdatmosphäre zu durchdringen und die Entwicklung von Leben zu fördern. Als die Atmosphäre sich noch weiter lichtete, erschien Wasser und bedeckte bestimmte Gegenden der planetaren Oberfläche. Die Luft wurde vom Wasser getrennt; dann setzte die Vegetation ein – mit Gräsern, Farren, und irgendwann auch Bäumen. In darauf folgenden Entwicklungs-Schüben traten die verschiedenen Naturkräfte in Aktion und begannen, die Entwicklung von Leben zu steuern.

Das erste Kapitel des Essener-Buchs der Schöpfung beschreibt sieben Phasen oder Zyklen irdischen Lebens. In jedem Zyklus tritt eine neue Naturkraft auf, und in Erinnerung an jeden dieser Zyklen beschreibt das Essener-Buch der Schöpfung eine Form von *Kommunion*[29] mit dem Zweck, dessen Benutzer mit dem entsprechenden Zyklus und der entsprechenden Kraft in Kontakt zu bringen.

Die sieben Kommunionen entsprechend den sieben Zyklen und Kräften sollen Morgens vollzogen werden und werden genannt: *«die Morgen-Kommunionen mit Mutter Erde»*. – Das Essener-Buch der Schöpfung beschreibt Kommunionen mit der Sonne, mit der Luft, mit dem Wasser und mit anderen Naturkräften. Parallel zu den sieben Evolutions-Zyklen des stofflichen Planeten werden sieben Zyklen der Evolution der irdischen Atmosphäre von Denken und Gedanken sowie der Empfindungen beschrieben, und diese Atmosphäre ist dynamisch verbunden mit dem unbegrenzten kosmischen Ozean des Denkens, der diesen Planeten umgibt. – Gemäß dieser Auffassung hat jeder Grad höherer *stofflicher* Entwicklung des Planeten den ihm entsprechenden Grad *geistiger* Evolution des Planeten, und diese zeigt sich in der irdischen Atmosphäre der Empfindungen und in der irdischen Atmosphäre des Denkens und der Gedanken.

Wenn und wo der unendliche kosmische Ozean des Denkens eine weitergehende Voraussetzung für Leben geschaffen hat – und wenn der stoffliche Entwicklungsplan planetaren Lebens seinerseits die Möglichkeit zu entwickeln fähig war, diese höhere kosmische Kraft zu empfangen, dann und dort entwickeln sich stets höhere Grade des Bewußtseins auf diesem Planeten. Das Essener-Buch der Schöpfung beschreibt die sieben Zyklen geistiger Entwicklung auf dem Planeten und die sieben geistigen Kräfte, die – in dynamischer Einheit und Zusammenarbeit – jedem dieser Zyklen vorstanden. – Um dieser zunehmend höheren Grade geistigen Lebens zu gedenken, beschreibt das Essener-Buch der Schöpfung sieben Kommunionen mit diesen geistigen Kräften: das sind die abendlichen Kommunionen mit dem Himmlischen Vater.[30]

Der Zweck der morgendlichen und abendlichen Kommunionen ist der, den Kontakt mit den natürlichen und geistigen Kräften aufzunehmen – die Essener nannten sie *Engel* – damit jene als Quellen für Energie Gesundheit, Harmonie und Kenntnis dienen konnten. Durch die Ausübung davon entwickelt sich ein Bewußtsein der Einheit mit diesen Kräften, und der Mensch lernt, mit dem Gesetz zusammen zu arbeiten, das Alles lenkt. So sieht die Lehre des Essener-Buchs der Schöpfung aus betreffend die sieben «Tage» oder Zyklen planetarer Entwicklung der Schöpfung, worauf das biblische Buch *Genesis exoterisch* Bezug nimmt.

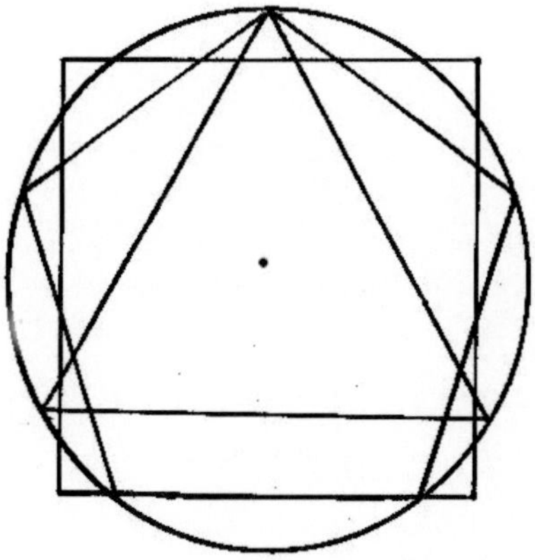

Welches Bewußtsein formt den Menschen nach dem jeweiligen Bild der Eltern? – Jeder Mensch ist ein unbegreifliches Wunder, *‹sich selbst erschaffend aus einem Ei›* wie Brahma, in der ihm eigenen Harmonie von Zahl, Maß, Proportion und Rhythmus! (Bildquelle: Internet)

DIE ERSCHAFFUNG DES MENSCHEN

Gemäß dem Essener-Buch der Schöpfung schuf das Gesetz nach den sechs ersten Tagen der Entwicklung von Leben auf der Erde den Menschen, die höchste Form sichtbaren Lebens auf diesem Planeten. – Im Menschen wurde das Gesetz bewußt; und Bewußtsein vom Gesetz machte den Menschen zum Abbild und Gleichnis Gottes. Das gab dem Menschen die Herrschaft über alles Lebende auf Erden. Durch diesen Besitz und das Erscheinen des Gesetzes wurde der Mensch zum Stellvertreter des Schöpfers auf Erden. Der exoterische Text sagt, daß *«am siebenten Tag Gott ruhte von all den Werken, die er gemacht hatte»*.

Gemäß dem esoterischen Text ruhte der Schöpfer nicht *am* siebenten Tag, sondern *vom siebenten Tag an:* Seit dem siebenten Tag ist dem Menschen anvertraut, mit dem Werk der Schöpfung auf diesem Planeten fortzufahren. Gemäß der essenischen Version sollte der Mensch Mit-Schöpfer werden Gottes – des allgegenwärtigen und allmächtigen Gesetzes, das während der verschiedenen Entwicklungs-Zyklen von Leben alle Formen von Leben auf dieser Erde geschaffen hat. Alles wurde erschaffen für den Menschen als des Schöpfers Stellvertreter auf Erden

«Und der Herr bildete den Menschen aus dem Staub vom Boden». – Hier bezieht sich das Essener-Buch der Schöpfung auf den Ursprung von des Menschen Stoffkörper. – Aber was ist mit dem Ausdruck *«Staub vom Boden»* gemeint? Staub – auf den ersten Blick ein wenig schmeichelhafter Ausdruck – steht für alle stofflichen Voraussetzungen zu einem Organismus, nämlich für alle Elemente auf diesem Planeten. Und da alles Lebendige zur Erde zurückkehrt, stellt Staub sowohl den Anfang als auch das Ende jeglichen stofflichen Lebens auf diesem Planeten dar.[30-A]

Der Vers fährt fort: *« ... und blies in seine Nüstern den Atem des Lebens, und der Mensch wurde zu einer lebendigen Seele«*. – Der *‹Atem des Lebens›* hat eine tiefe innere Bedeutung: Nach dem exoterischen Begriff stellt er die allerwichtigste Bedingung zum Leben dar; Wo Atem ist, da ist Leben; wo kein Atem ist, da ist auch kein Leben. Gemäß dem esoterischen Schöpfungsbericht stellt Atem die Einheit des Menschen mit dem kosmischen Ozean von Leben und Denken dar. Die beiden Ausdrücke: *«Leben»* und *«Seele»* suchen diesen doppelten Aspekt von Einheit zu vermitteln: Einheit des Menschen als eines lebendigen Wesens im kosmischen Ozean von Leben – und Einheit des Menschen als ein denkendes Wesen im kosmischen Ozean des Denkens.

DER FALL DES MENSCHEN

Gemäß dem esoterischen Essener-Buch der Schöpfung stellt der Garten von Eden das Universum in vollkommener Harmonie mit dem Gesetz dar – das Universum, so wie es vom Gesetz erschaffen worden war. Er steht auch für die optimale Voraussetzung für das Dasein menschlichen Lebens. Er steht für die ganze Vollkommenheit des Universums – für Alles was dem Menschen in Harmonie mit dem Gesetz gegeben ist und ihm stets zur Verfügung steht, *wenn und solange er in dieser Harmonie lebt*.

Der Baum im Garten Eden ist eines der ältesten Symbole der Menschheit, und auch ein höchst wichtiges essenisches Symbol. Der essenische Baum des Lebens ist eingraviert in sumerische Ziegel und Steine. Er erscheint im *Zend-Avesta* des Zarathustra, und man findet ihn als das grundlegende Symbol der Essener-Bruderschaft am Toten Meer am Beginn der christlichen Ära. Gemäß der sumerischen Überlieferung und gemäß Zarathustra stellt der Baum das Gesetz selber dar, während der Garten die Vollkommenheit des Universums in Harmonie mit dem Gesetz darstellt. Der Baum des Lebens inmitten des Gartens ist das alte essenische Symbol der Gesamtheit der geistigen und Naturgesetze sowie der geistigen und Naturkräfte. Er ist das Königreich, das der Mensch ererbt, wenn er in Harmonie mit dem Gesetz lebt. [30-B]

Man wird bemerken, daß im exoterischen Text Gott dem Menschen nicht verbietet, vom Baum des Lebens zu essen. Es ist nur der «Baum der Kenntnis von Gut und Böse», wovon er nicht essen soll. Das ist aber ein anderer Baum: Wenn wir davon essen, werden wir nicht nur das Gute, *sondern auch das Übel* erkennen. Das Übel ist das Ergebnis unseres Abweichens vom Gesetz. – Daher gebietet das Gesetz, der Schöpfer, dem Menschen, nicht von diesem Baum zu essen, weil er kein Übel kennen soll, sondern nur das Gute. [30-C]

Das Gesetz verbietet dem Menschen *beides* – Gut *und* Böse – zu erkennen, weil es seine Bestimmung ist, nur das Gute zu kennen. Das Böse hat keine wirkliche Existenz für sich selber, aber der Mensch gibt ihm eine Art Realität, indem er vom Gesetz abweicht. Im Augenblick der Abweichung kennt er Gut und Böse. Selbst dann wird seine Art nicht völlig böse sein, sondern eine Mischung aus Gut und Böse. Das Gute wird dann begrenzt werden durchs Böse. In dem Maß als er eine Welt von Begrenzungen und Verneinungen schafft, verliert er den Garten von Eden, der nichts als Güte und Vollkommenheit ist. [31] Die biblische *Genesis* erklärt, wie es kam, daß der Mensch den Baum der Erkenntnis dem Baum des Lebens vorzog, der doch angenehm, und gut und ohne eine Beimengung von Übel ist. –

Die Schlange bringt die Versuchung. – Nun ist die Schlange ein uraltes Symbol, das eine niedrigere Form der Existenz darstellt – einen negativen Faktor, der Zweifel bezüglich der Vollkommenheit des Gesetzes erregt. Das Versprechen der Schlange stellt eine negative Empfindung des Empfindungsleibs dar – einen Rückschritt zu einem niedrigeren Grad von Leben, den der Mensch in seiner Entwicklung längst überschritten hat.

Im Essener-Buch der Schöpfung sind auch Mann und Frau Symbole: Der Mann steht für den Denkkörper, die Frau für den Empfindungsleib *der Menschheit.* Gemäß diesem Buch wurde der Mensch geschaffen nach dem Bild Gottes: der Denkkörper als Abbild der göttlichen Weisheit, der Empfindungsleib als Abbild der göttlichen Liebe. Die Einheit von Mann und Frau im Essener-Buch der Schöpfung ist die Einheit von Denkkörper und Empfindungsleib.

Die Empfehlung der Schlange an die Frau ist die erste Abweichung vom Gesetz: *«Und ... die Frau ... aß und gab auch ihrem Mann davon zu essen, und er aß».* Das ‹Essen› der Frau stellt die Aufnahme einer negativen Empfindung dar, während das ‹Essen› des Mannes die Aufnahme der Verneinung durch den Mann darstellt. *«Und die Augen Beider wurden geöffnet, und sie erkannten daß sie nackt waren, und sie nähten Feigenblätter zusammen und machten sich Schürzen daraus».* – Nach der ersten Abweichung vom Gesetz sieht der Mensch Negationen und Mängel, wo keine sind. Er bildet sich Unvollkommenheiten ein und gibt ihnen dann Wirklichkeit.

Dieser degenerative Prozess geht sogar noch weiter: Die Herstellung von Schürzen bezeichnet die erste unnötige Arbeit des Menschen. Seit jener Zeit war die Geschichte der Menschheit nichts als eine lange Reihe unnötiger Arbeiten unter Aufwendung von viel unnötiger Energie. Wann immer wir um uns oder in die Vergangenheit blicken, sehen wir eine Riesenmenge von Schurzen: Wir sehen die Menschheit sich mühen um Mengen unnötiger Dinge zu machen – viele davon sind auch schädlich. Der Mensch, der locker in der Vollkommenheit des Gartens von Eden leben könnte, ist beschäftigt mit der Herstellung von aller Art niedriger Dinge: das ist das Ergebnis der ersten Abweichung vom Gesetz. Ist einmal das erste Kettenglied von Abweichungen entstanden, folgen alle anderen wie von selbst.

«Und sie hörten die Stimme des Herrn, Gottes: ... „Wo bist du?"». – Mitten in der materiellen Welt von Verneinungen und Begrenzungen hören wir alle von Zeit zu Zeit die Stimme Gottes, die fragt: *«Wo bist du, Adam?»* – und diese Stimme ist unsere Rettung: Es ist die Stimme, die uns zum Garten von Eden zurückführen wird – zum wahren Leben. Seit seinem Fall ist der Mensch zu einer Dreiheit geworden: Der niedrigste Teil – der Geist der Verneinung und Begrenzung – ist die Schlange. In der Mitte ist der Mensch mit all seinen Potentialitäten. Und der höchste Teil dieser Triade ist Gott, manifestiert im Menschen: die Stimme, die fragt: *«Wo bist du, Adam?»*

«Und Gott der Herr sagte: „Sieh her: der Mensch ist geworden wie Einer von uns, sodaß er Gutes und Übles erkennt; und nun, daß er nur nicht die Hand ausstrecke und auch vom Baum des Lebens nehme und esse, und ewig lebe ... "» – so sagt der Text der biblischen Genesis. –

Aber der esoterische Text im Essener-Buch der Schöpfung unterscheidet sich ganz beträchtlich davon. Es sagt: *«Und das Gesetz, der Schöpfer sagte: „Siehe da, der Mensch ist keiner von uns, denn er unterscheidet Gut und Böse, und nun kann er nicht die Hand ausstrecken und auch vom Baum des Lebens nehmen, und ewig leben"».*

Dies bedeutet, daß die Göttliche Vorsehung wünscht, der Mensch möge vom Baum des Lebens essen, und nicht vom Baum der Erkenntnis von Gut und Böse. Er sollte dem Übel keine Realität verleihen und keine Welt von Begrenzung und Verneinung schaffen, denn er sollte im Garten von Eden leben und nur das Gute kennen. Irgendwann wird er vom Baum des Lebens im Herzen des Gartens von Eden leben, aber nicht, solange er vom Gesetz abweicht und dem Übel Wirklichkeit verleiht, indem er negative Empfindungen zuläßt in seinem Empfindungsleib, und negative Gedanken in seinem Denkkörper. Da der Mensch nicht zweien Herren dienen kann, schickte Gott der Herr ihn aus dem Garten weg, damit er den Boden beackern soll, von dem er genommen worden war.

«Also vertrieb er den Menschen aus dem Paradies; und er setzte östlich des Gartens von Eden Cherubim und die Flamme des blitzenden Schwertes, um den Weg zum Baum des Lebens zu halten».[32] – Im esoterischen Text stehen anstelle von *«flammendes Schwert»* die Worte: *«flammendes Licht»* – und anstatt *«halten»* {d.h. verwehren} steht *«weisen».* Das ist ein äußerst wichtiger Vers in Kapitel 3. – Als der Mensch vom Gesetz abwich, vertrieb er sich selber aus dem Garten von Eden; aber dieser Verlust ist weder abschließend noch unwiederbringlich, indem das Gesetz – der Schöpfer – Cherubim, also Engel in den Garten setzte, und auch das *Flammende Licht*, das nach allen Seiten blitzt, um den Weg zum Baum des Lebens zu weisen. In der Überlieferung der Essener ist der Baum des Lebens (Symbol der Gesamtheit aller geistigen und Natur-Kräfte und Gesetze) umgeben von Licht-Engeln, die dem Menschen den Weg zurück zum Baum zeigen werden, auf daß er davon essen und in Harmonie mit den geistigen und Naturgesetzen ewig leben könne.

Die Engel rings um den Baum des Lebens leiten sich aus der typischsten aller essenischen Überlieferungen ab: von der Angelologie – dem Wissen von den Engeln.[33] Jene stehen für die sieben geistigen Mächte des Himmlischen Vaters und für die sieben Naturkräfte von Mutter Erde. Die Kommunion mit diesen vierzehn Engeln ist der Weg zurück zum Baum des ewigen Lebens. Das blitzende Licht der Engel stellt das Licht des Bewußtseins dar – jenes Bewußtseins, das oft zu unserem Inneren spricht, wenn wir vom Gesetz abweichen. Das Gesetz wünscht, daß wir in den Garten von Eden zurückkehren möchten: zurück in seine Vollkommenheit, um unser Erbe als Mit-Schöpfer von Gott auf diesem Planeten zu verlangen.

In der Mitte des essenischen Baums des Lebens ist eine menschliche Figur. Die eine Hälfte dieser Figur gehört zum oberirdischen Teil des Baums, die andere zu seinen Wurzeln. – Mit anderen Worten: Ein Teil gehört zum

Reich des Himmlischen Vaters, also zur geistigen Welt, die andere Hälfte zum Reich von Mutter Erde: zur irdischen Natur. Der Baum stellt die Einheit des Menschen mit allen geistigen Mächten und allen Naturkräften dar. Er ist ein Bild für den Menschen in vollkommener Harmonie mit den kosmischen geistigen und Naturgesetzen.

Kapitel 3 wird illustriert durch den essenischen Baum des Lebens. Dieser Baum ist auch das Bild für dieses gesamte Kapitel der biblischen Genesis. Er ist ein Mikrokosmos, der den Makrokosmos und das Universum ausdrückt und die volle Bedeutung des Kapitels zeigt: Er macht die wahre Stellung des Menschen im Universum sichtbar. Er lehrt, daß der Fall des Menschen, wie er in Genesis beschrieben ist, nur eine Episode ist innerhalb der Entwicklung des Menschen auf seinem Weg zu immer höheren Graden der Vollkommenheit. Er ist das Pfand der Erlösung, das Schicksal und der Adel des Menschen.

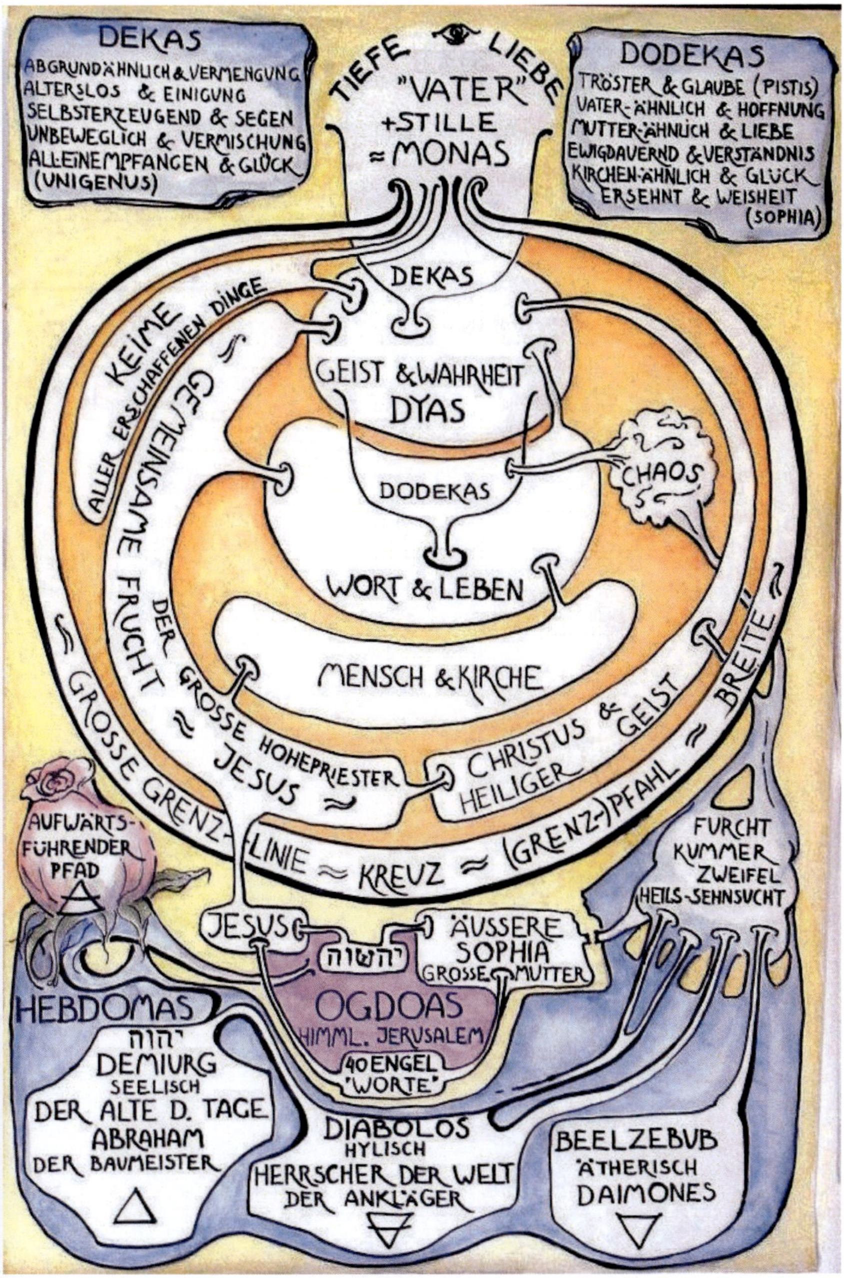

Die Aeonologie der valentinianischen Gnostiker

Choeur	Séphirah	Planète
SERAPHINS	Kether	Neptune
CHERUBINS	Hochmah	Uranus
TRONES	Binah	Saturne
DOMINATIONS	Hesed	Jupiter
PUISSANCES	Geburah	Mars
VERTUS	Tipheret	Soleil
PRINCIPAUTES	Netzah	Vénus
ARCHANGES	Hod	Mercure
ANGES	Iessod	Lune

Die Hierarchie der Engel gemäß der Kabbalah
(Bildquelle: Internet)

ANMERKUNGEN

[1] vgl. R. Steiner, *Geheimwissenschaft im Umriß*; – viele Ausgaben; – und *Die Geheimnisse der biblischen Schöpfungsgeschichte*. Dornach 1932 – und spätere Ausgaben.

[2] «Benedikt von Nursia» lebte von 480 bis 547, also gerade zur Zeit der Auflösung des römischen Kaiserreichs.

[3] Das zeigt, daß diese Schriften bereits im 5./6. Jh. in der Klosterbibliothek von Monte Cassino – wenn nicht physisch vorhanden, so doch in den genannten Übersetzungen gegenwärtig und bekannt waren.

[4] Das mittelalterliche Europa von der christliche Zeitenwende bis zum späten Mittelalter (um ca. 1100 herum) – wir haben das schon andernorts betont – war weitgehend rustikal primitiv, ungeschlacht und ungebildet, bis auf einige wenige Eliten aus historischer Abkunft (lokale Kleinfürsten, einige Könige und Großkönige, die aber (vorallem im Süden und Westen Europas) eher klassische Stammes-Häuptlinge waren. – ‹Besser› wurde es, als im Rahmen der Kreuzzüge die orientalische Kultur Arabiens nach Europa getragen wurde. Ägypten war zu kurz und zu spät in der Hand Roms, als daß dieses noch fähig gewesen wäre, ägyptische kulturelle und kultische Feinheiten zu erlernen und ins europäische Rom zu übernehmen. Das erklärt auch, warum Benedikt für seinen Orden ein orientalisches Vorbild wählte: die schon ganz unbekannt gewordenen Essener und die vorallem in Nord-Afrika blühende Ordenspraxis der Sufi, die sich ab ca. 830 von Baghdad aus (Dār al Hikmèt), aber schon viel früher direkt von Alt-Syrien, d.h. Persien her in Kleinasien sich ausbreiteten.

[5] Es handelt sich um die Invasion von Hunnen und Goten in die Lombardei (die Schlachten, die in der Saga von Dietrich von Bern erwähnt werden): Nachdem Mailand gefallen und völlig zerstört war, marschierten um 568 auch noch die Langobarden ein, machten Pavia zur Hauptstadt und drängten nach Süden. Sie wurden 774 durch Karl den Großen auf den Hilferuf des Papstes hin geschlagen: Das dürfte der Anlaß für die Rückführung des benediktinischen Eigentums auf den Monte Cassino gewesen sein.

[6] Wörtlich, und *als englische Maße verstanden*: Wenn ein *Pfundgewicht* als 373 g angenommen wird; Den Mönchen war täglich ein Pfund Brot, eine pint Milch = ca. 0.6 l und ein quart = 2 pint, also 1.2 l Früchte erlaubt.

[7] Der englische Ausdruck *mind* (lat. *mens*) wird in der Übersetzung meist entweder mit *Gemüt* oder *Seele* wiedergegeben, selten mit *Geist*. – Vgl. dazu unsere Ausgabe des *Corpus Hermeticum – ins Deutsche übersetzt nach der lateinischen Übertragung von Marsilio Ficino* ... (Basel, 2014).

[8] Furcht = tiefe Verehrung– wie eigentlich ursprünglich alle ‹Gottesfurcht›.

[9] Immer wieder muß bei solcher Gelegenheit betont werden, daß das Mittelalter keineswegs eine durchwegs finstere Zeit war: Die ersten 600 Jahre waren zwar wirklich durchs urbane Rom bestimmt und, wie in Anm. 4 apostrophiert, durch Völkerwanderung und Roms antike Invasionen ge-

kennzeichnet, also wirklich finster, kriegerisch und für Bewohner von Agglomerationen ungesund und hart. Die romanische Baukunst zeugt oft von einer Grobschlächtigkeit im Volk, die sich in Unhygiene und epidemischen Krankheiten äußerte. – Anfangs des 7. Jh. aber begann im Osten die Islamisierung und damit eine Verfeinerung, die auf allen Gebieten auf den Westen übergriff: Man beachte nur die mediterrane Küche, Färbekunst, Seidenweberei, Parfums und Musik, die noch heute an Arabien anklingen. Auf geistigen Gebiet dauerte die ‹Ansteckung aus dem Osten› etwas länger, fand aber ihr Echo in der Buchkunst und dem Beginn der Wissenschaften, die um 800 in Baghdad und Byzanz bereits Hochblüte hatten (Ibn Sina, Averrhoë, Sufismus bis zu den Säulen des Herkules); – zu einer Zeit also, wo europäische Bauern durchaus noch ihren chthonischen Gottheiten huldigten. Auch die klösterliche und ritterliche Kultur hat ihre Wurzeln in Arabien. Was aber das *Innere Licht* der mittelalterlichen Bevölkerung betrifft, so waren viel wertvolles ‹Volkswissen› und Einsicht in geistige und natürliche Abläufe vorhanden, die aber von der sich allmächtig ausbreitenden Kirchenmacht bis zur Vergessenheit unterdrückt wurden und erst im 20. Jh. als ‹Esoterik› wieder aufleben konnten. Die Gotik hat zwar nochmals arabische Eleganz auf allen Gebieten zur Blüte gebracht; doch sind die Religionskriege und inquisitorische Gewissenlosigkeit ein trauriges Gegengewicht dazu – in ihrer *Finsternis* nur noch übertroffen durch die Gegenwart mit ihrem Verschwinden von Volksbildung, friedlichem Zusammenleben, ästhetischer Kunst und Musik, mit ihren korrupten, menschenverachtenden Regierungs- und Kontroll-Institutionen – und mit ihren Eingriffen ins private Leben, die bis zur Vergewaltigung mit bewußt ungesunder Nahrung und zu einem schwere Krankheit fördernden, ja gezielt Seuchen säenden Medizinalwesen gediehen sind: Gab es je eine *finsterere Zeit* als die unsrige?

[10] Der erste und der dritte-Auszug aus der Dissertation von E.B.S. sind unserer Quelle entnommen; der Sonnengesang selbst ist direkt und ungekürzt aus dem Italienischen von Franz von Assisi übertragen, das so lautet (Original von 1225:

Altissimo, omnipotente Signore
Tue son' le Laudi, la Gloria et l'Honore et omne Beneditione:
Ad Te Solo, Altissimo, se confanno
et nullo homo non é digno te mentovare !

Laudato si, Missignore
con tutte le creature:
Spetialmente messer el Frate Sole
lo qual é giorno, et allumini per lui.
Et ello é bello e radiante con grande splendore:
de Te, Altissimo, porta Significatione !

Laudato si, Missignore
per Sora Luna e le Stelle:
In Celu le hai formate,
clarite e pretiose e belle !

Laudato si, Missignore
per Frate Vento et Aere,

et nubilo et sereno et onne Tempo
per lo quale alle Tue creature dai sustentamento !

Laudato si, Missignore
per Sor' Acqua,
la quale é molto utile
et humile et pretiosa et casta !

Laudato si, Missignore
per Frate Focu
per lo quale enallumini la nocte
et ello é bello et iocundo et robusto et forte !

Laudato si, Missignore
per Sora nostra Madre Terra,
la quale ne sustenta et governa et produce
diversi fructi, con coloriti flori et herba !

Laudato si, Missignore
per quelliche perdonano per lo Tuo Amore
et sostengon' in infirmitate et in tribulatione !

Beati quelli che sosterranno in Pace,
perche da Te, Altissimo, saranno incoronati !

Laudato si, Missignore,
per Sora nostra, Morte corporale:
dalla quale nullo homo vivente puo scapare !

Guai a quelli che morranno nelle peccati mortali.
Beati quelli che si trovaron' nelle Tue sanctissime voluntati
Que la morte secunda non le fara male !

Laudate et benedicete Missignore,
et rengratiate
et servite-Li
con grande devotione !

[11] Dieses Ereignis fällt ins Jahr 1927! – Angelo Mercati (06.10.1870 bis 03.10.1955) war ein weltbekannter italienischer Geistlicher, Gelehrter, und von 1925 bis 1955 Präfekt der Vatikanischen Geheimarchive, Mitglied des Päpstl. Komitees für Geschichtswissenschaft, der Päpstl. Akademie der Wissenschaften, der Akademie der Wissenschaften, Göttingen, der Bayerischen Akademie der Wissenschaften sowie Mitglied der Österreichischen Akademie der Wissenschaften! – Msgr. Mercati ist neben eigenen Werken u.a. auch dokumentiert durch Veröffentlichungen wie: *Omaggio a Mons. Angelo Mercati, Prefetto dell'Archivio Segreto Vaticano* ... , Città del Vaticano 1952 (pp.. IX-XXVII; Schriftenverzeichnis). – Die Internet-Seite https://www.e-periodica.ch/cntmng?pid=gfr-001:1938:93::367 gibt einen interessanten Artikel wieder unter dem Titel: *La provenienza di alcuni oggetti delle collezioni Vaticane.* – Dieser betrifft den Ankauf einer Auktionssammlung *in corpore* durch Papst Pius IX. – Msgr. Mercati ließ den vollen Text des seltenen Kataloges abdrucken, mit Ergänzungen aus den Aufzeichnungen des berühmten Architekten Lassus. –

Der Bericht beginnt: *In Paris kamen die verschiedenen israelitischen Käufer der Schweizer Klosterschätze zusammen; Löwenstein war der Hauptkäufer, J. Strauß (Nachkomme des Berühmten) sein Helfer. Es ging um eine große Sammlung von Kirchenschätzen aus schweizerischen Klöstern, besonders von St. Urban, Muri und Rathausen (LU).* – Endverhandlungspreis am 4. August 1851: CHF 125'000) offenbar durch den Papst selber bezahlt. – Das Ganze kam nach Rom, wurde teilweise den ehemaligen Besitzern zurückerstattet, z.T. anderen Klöstern geschenkt, während ein weiterer Teil im *Museo Cristiano* im Vatikanischen Borgia-Palast verblieb. Msgr. Mercati erforschte die ursprüngliche Herkunft der Gegenstände und ergänzte die in Paris liegende Liste.

[12] Dieses Vorwort aus dem Jahr 1937 bezieht sich auf die Entdeckung der Essener-Schriften in den Geheimarchiven des Vatikans durch E.B.S. im Jahr 1927/28; also aus einer Zeit, wo die berühmten ‹Schriftrollen vom Toten Meer› noch lange nicht gefunden worden waren – ganz zu schweigen von den noch berühmteren Funden in Nag-Hamadi in Ägypten. Es war dies aber der Auftakt zur langen Reihe solcher Funde – weltweit.

[13] Man kann hier auch verstehen: Reinigt daher den Tempel, auf daß der Herr des Tempels darin wohnen mag, und haltet einen Platz für ihn bereit, …

[14] Dieser Vergleich war zu jener Zeit sehr beliebt und kommt sogar im Koran noch vor. Er gibt einen Einblick in die Verhältnisse im Alten Ägypten mit seiner Hochkultur in den Gräberfeldern der klassischen Antike: – Nicht alle Begrabenen waren mumifiziert; – nicht alle Mumien wurden mit derselben Sorgfalt konserviert, sodaß man sich den Rest leicht vorstellen kann (von Lebensmitteln als Grabbeigabe abgesehen).

[15] Variante: *Sprachen werden aufhören* (haben ihre Grenzen). Diese Auffassung wird bestärkt im nächsten Absatz (*«tote Sprache … »*). Das weist auf den berühmten Spruch: *Der Buchstabe tötet – der Geist macht lebendig.*

[16] Es ist zu empfehlen, diese so wohlbekannte Bibelstelle von 1. Cor13:1-13 hier in einem neuen Verständnis zu lesen, also die Nuancen dieses Urtexts zu meditieren, den die Bibelredaktion dem Paulus zuschrieb. – Besonders deutlich ist der Satz: *«Wenn wir vors Angesicht Gottes gelangt sind ... »*, der so gar nicht in die Absichten der etablierten Kirchen paßt … –

[17] Vgl. die *Hypostasis der Archonten* (Nag Hammadi Codex II,5) – und auch die *‹Mysterien der Pistis Sophia›*, wo Jaldabaoth den Ursprung des Lichts verkennt und «lästert».

[18] *Corpus Hermeticum – Schlüssel für Tatios*, a.a.O.:
«TRISM: Ist nicht wirklich – so wie der Strahl der Sonne mit allzu großem Glanz die Augen verdirbt und blendet – so auch der Anblick des Guten? Es erleuchtet nämlich und vermehrt das Licht für das Auge umso mehr, je mehr Jemand fassen kann vom Einströmen des Glanzes des Unsterblichen.
Der Stil des Texts erinnert auch hier an den im *Buch Jesus Sirach.*

[19] Vgl. Lk. 15:11-24. – Heutige Bibeln vereinigen im Kontext mit dem *«Verlorene Sohn»* drei parallele Gleichnisse: das von der verlorenen Drachme, das vom verlorenen Schaf und das vom verschwenderischen Sohn. Es wäre nun zu fragen, woher die Bibel-Redaktoren jene zwei anderen Gleichnisse wohl *genommen* haben?

[20] Im jüdischen Gesetz ist festgelegt, daß ein Sklave nach 7 Jahren freigelassen werden soll. – Dies erklärt nebenbei auch die dreimal sieben Jahre, die Jakob bei seinem Onkel Laban um dessen Töchter und den Herden-Lohn dienen mußte …

[21] *Corpus Hermeticum – Schlüssel für Tatios*; – loc. cit.

[22] Im Englischen: um ihm *Dank zu geben.* – Das erinnert ans Corpus Hermeticum, wo die Rede ist von *Dank als Opfer,* wie auch vom *Wort-Opfer*, das auch in einem entsprechend feierlichen *Gebet* bestehen kann. – *Vgl. Corpus Hermeticum:* a.a.O. S. 59 in *Pymander*; – und ebenda, in: *Hermes an Tatios, seinen Sohn: Über die Wiedergeburt, und die Auferlegung des Schweigens.* – Dank- und Lobesgebete als *«Wort-Opfer»* Ss. 205 ff.:

[23] Solch kurze Ausdrucksweise verlangt nach einer Erklärung: Mit diesem Abschnitt meint E.B.S., daß Mose – insofern als er eine geschichtliche Gestalt war – an den Übergang vom Stier-Zeitalter (wo noch Menschenopfer üblich waren) zum Widder-Zeitalter zu setzen ist: Man vergleiche dazu die *Abschaffung* der Verehrung des Stiers als ‹Goldenes Kalb› ebenso wie den Ersatz des Isaak durch einen *Widder* im Falle von Abra[ha]m (*ab-ram = Vater des Widder[-Zeitalter]s*). – Zu dieser Zeit hatte aber noch niemand im *viel später entstandenen* Volk Judah Schreiben und Lesen gelernt, und ein ‹Volk Israel› gab es noch viel länger nicht: Dies erschien erst während dem Aufenthalt in Babylon des von Nebukadnezar entführten Volksteils (der Elite) des Stammes, der *später* Judäa heißen sollte, und dessen ursprünglicher Name durch Zechariah Sitchin mit ‹Ibirw› angegeben und als ‹die Fremden› – oder ‹die Einwanderer› übersetzt wird.

Wenn E.B.S. den Beginn des Essenertums zeitgleich mit Mose annimmt, meint er damit auch eine Zeit im Widder-Zeitalter – also ca. 1300 v.Chr. – Gemäß *Buch Jasher* lebte Mose aber sogar erst im 4. Jh. v.Chr.

Da nun die *ersten Verfasser des Buches Genesis* allgemein ins 7. Jh. gesetzt werden, erscheinen die Essener-Schriften tatsächlich *«viel früher als das biblische Buch Genesis»*, über das jahrhunderte-lang Kopisten, Übersetzer, Korrektoren und ‹End-Redaktoren› hinweggegangen sind.

[24] Tatsächlich hat sich, seit E.B.S. dies schrieb, die ‹wissenschaftliche Landschaft› in einer Weise verändert, die nicht einmal dieser Autor sich vorstellen konnte. – Und doch: Neben den großartigen neuen Erkenntnissen, die alle in Richtung der globalen Entstofflichung der Dinge und Vorgänge im Universum weisen, und die auf für die Allgemeinheit noch viel wunderbarere, oft schockierende Weise zunehmen werden, werden noch immer die alten Axiome einer überholten Wissenschaft hochgehalten, wie z.B. was Licht und Temperatur der Sonne betrifft; oder die Lichtgeschwindigkeit als ‹höchst-mögliche Geschwindigkeit›; der ‹absolute Nullpunkt› als kälteste Temperatur; der sogenannt exakte magnetische Nordpol; oder gar die berühmte Relativitäts-Theorie, die eine ganz unsinnige *«Zeit im Quadrat»* postuliert, eine unbeweisbare *‹Naturkonstante›* einführt und *mit Null multipliziert*, was dem gewöhnlichsten Primarschüler als absurd erscheinen müßte, wenn nicht die berühmte Einstein'sche Formel zu einem fast heiligen *‹Gesetz›* erhoben worden wäre. – Grundsätzlich ist dazu – und wirklich abschließend – zu sagen: Was immer die Wissenschaft bezüglich des Universums definiert, mißt oder ‹feststellt› basiert auf Annahmen und Axiomen, deren Fundament und eigentliche Grundbegriffe letztlich weder zu beweisen noch abschließend zu erklären sind. Keine einzige ‹absolute› Messung oder ‹Tatsache› sind als solche zu beweisen, solange alles was der Blick des

Menschen und seiner (menschlichen!) Apparate erfassen können, nur aus der relativen Perspektive der Menschlichkeit betrachtet, beurteilt und verstanden werden kann, und nicht aus einem *absoluten Bewußtsein* heraus.

[25] Dieses geistige Wachstum wird am schönsten beschrieben im *Evangelium der Wahrheit*, wo Jesus die Frage beantwortet: «Was ist Wahrheit?», indem er sie u.a. mit einem Polyeder vergleicht, der von verschiedenen und immer mehr Seiten betrachtet würde.

[26] Der englische Text hat nur *Thought* (groß geschrieben). Dieser Ausdruck enthält zugleich beide Bedeutungen: sowohl die ‹bewußte Tätigkeit›, bzw. den unbewußten Vorgang des Denkens, wie auch dessen Resultat: den Gedanken. Dementsprechend hat die Übertragung ins Deutsche beide Ausdrücke, wo dies so gemeint ist; aber auf der höheren, der *makrokosmischen* Ebene (E.B.S. nennt es den *kosmischen Ozean* von *«Thought»* – hier gelegentlich übersetzt als *interkosmisch für makrokosmisch*) – schreiben wir allein *« … des Denkens»*.

[27] Der Ausdruck *Ahriman* kommt von *Ahura Mainiyu*, auch *Angra Mainiyu* genannt. Darüber steht viel in einem anderen Buch von E.B.S., nämlich im *Essener-Buch von Asha* (d.i. das Gesetz) und in *Archeosophie*, wo er größere Passagen aus dem Persischen ins Englische übersetzt und erklärt. Der Ausdruck *Angra Mainiyu* klingt an ans englische *anger – Zorn* – an, und dies wiederum an das Buch *Wassermann-Genesis* (Basel, Oriflamme, 2016), das auch vom ‹Zorn-Reich› der irdischen Finsternis spricht.

[28] Das entspräche gemäß der Valentinianischen Gnosis dem *Pleroma – Gesamtheit aller erschaffenen, noch nicht erschaffenen und nie erschaffenen Dinge* (siehe Abb. S. 109).

[29] *Kommunion*: Man soll hier keineswegs an die bekannte magische Formel denken, die eine Kirche benutzt, *um Menschen an sich zu binden*, sondern daran, was der Ausdruck ursprünglich meint: Einen *lebendigen, liebevollen Austausch* in (wortlosen) Gedanken, (berührungslosen) Empfindungen und (eventuell) Worten, wodurch ein vielleicht enges aber nie beengendes Verhältnis entstehen kann: zwischen Mensch und Mensch, Mensch und Gott, sowie von Menschen zu Naturkräften, Geistern, Genien, Elfen, Engeln, Göttern …– kurz: eine *lebendige Verbindung* von Menschen mit *Bewohnern aller Reiche* des Universums, alle Planeten aller Welten-Systeme eingeschlossen (siehe Abb. S. 110).
Das ist die größte Schuld der Priesterschaften aller Zeiten, daß sie die Menschen vom direkten Austausch mit diesen immateriellen, und doch so konkreten (ätherischen) Kräften und Wesenheiten abschnitten, die eben diesen Austausch genau so nötig haben wie wir Menschen: getrennt durch Dogmatik von der Kindererziehung bis zu den Scheiterhaufen der Inquisition), um sie desto länger unmündig und *system-abhängig zu halten*. –

Der Mensch beschaffte sich dann teilweise ‹Ersatz-Nahrung›, z.T. auch durch geniale Erfindungen. – Jene Wesen aber sind teilweise ganz verhungert oder haben sich aus der menschlichen Gemeinschaft zurückgezogen, um ‹auf bessere Zeiten zu warten›, wenn der Mensch wieder *zur Besinnung kommen* und sich der alten *Kommunion – Gemeinschaft* – wieder erinnern wird. – Leider gibt es dafür keinen deutschen Ausdruck, der vom

Ruch des Kirchlichen frei wäre – keinen ganz zutreffenden Ausdruck überhaupt. – Im Gegensatz dazu steht die typische Eigenschaft der meisten heutigen Menschen: Stets mehr und mehr nehmen zu wollen, und selber immer weniger und weniger zu geben bereit zu sein: Wieviele Gebete werden täglich, ja minütlich ‹gen Himmel gesandt› (an den nur Wenige glauben), um Dies oder Jenes zu erbitten (ohne dafür zu danken)! – Wie wenige aber, um Gott etwas zu geben! –

Nun möchten Einige einwenden, der Mensch habe Gott nichts zu geben (die Unwürdigkeits-Hypnose durch ‹Kirchen› aller Art). – Dem müßte man entgegnen, daß – spätestens seit dem Liebesgebot von Jesus – Jedermann Gott *sogar Manches* hinzugeben habe: Sein Herz, seine Seele, seine Liebe, seinen Eigenwillen, … – Allen Mitgeschöpfen aber ist der Mensch seine achtsame Liebe schuldig: Nur so kann das menschengeplagte Leben unseres armen Planeten wieder in ein strahlendes göttliches Leben zurück verwandelt werden.

[30] Die essenischen *Kommunionen* mit Mutter Erde und dem Himmlischen Vater sind beschrieben und erklärt in einem anderen Buch von E:B:S.: *Teachings of the Essenes, from Enoch to the Dead-See Scrolls – Lehren der Essener von Enoch bis zu den Schriftrollen vom Toten Meer*.

[30-A] Auch in der *Hypostasis der Archonten* (siehe Anm. 17) wird der Mensch aus «Staub vom Boden» erschaffen – wobei der Puppe, die nicht aufstehen kann (→ vgl Popol Vuh!), *der Lebensgeist eingeblasen* wird. –.

[30-B] Der *‹Weltenbaum›* – die *‹Esche Yggdrasil›* – hat ebendiese Bedeutung.

[30-C] Eine andere Ansicht wäre diese: Ohne Unterscheidung kein Urteil; – ohne Urteil keine Wahl; – ohne Wahl keine Erfahrung; – ohne Erfahrung kein Bewußtsein; – ohne Bewußtsein keine Gnosis; – ohne Gnosis weder Transformation noch Transfiguration, also keine Erlösung.

[31] Siehe *Corpus Hermeticum*, *Schlüssel für Tatios*, wo es heißt: *«Dies ist das einzige Heil des Menschen: Die Kenntnis Gottes; – diese Auffahrt zum Olymp {dem Götterhimmel}. Genau aus diesem einen Grund wird die Seele gut. Bis dahin aber ist sie nicht allein gut, sondern auch gelegentlich schlecht – je nach den Umständen.»* – Und andererseits siehe *Wassermann-Genesis*; a.a.O. – *These 7* mit Kommentar.

[32] Hier unterscheiden sich die beiden Versionen am meisten. Die klassische Version ist jene des *Engels mit dem flammenden* Schwert. Wir zitieren hier den Wortlaut der *Bible de Jérusalem* (Éditions du Cerf, 2001).

[33] Die *Angelologie* der Essener ist nicht zu verwechseln mit der *Aeonologie* des ‹Valentinus Gnosticus›, aber sicherlich über gleiche Glieder mit jener verbunden. Zur eigentlichen *Angelologie* siehe: Dionysos Areopagita, *Die Hierarchien der Engel und der Kirche* . – O.W. Bart, München, 1955.